最新 一番よくわかる
ゴルフルール
オールカラー

水谷 翔

西東社

本書の特長と見方

イラスト、図解でわかりやすく解説

（公財）日本ゴルフ協会発行の「ゴルフ規則」をベースに、ラウンド中によく起こるトラブルについて事例を上げて解説するとともに、その後の処置のしかたやペナルティーの有無を、イラスト、図解でひと目でわかるような構成となっている。

切り取って持ち運べる一覧表付き

本書で紹介する状況、ペナルティーを一覧表で確認することができる。切り取って使えるため、ぜひラウンドに役立ててほしい。また、一覧表には本書へのページリンクがあるため、詳しく知りたいときは本書を参照に。

※本書は競技方式をストロークプレーに限定しており、マッチプレーではペナルティー、処置法とも異なる場合があるので注意されたい。

> ラウンドで起こりやすいケースか否かの頻度。★印1つが「まれに起こる」、2つが「ときどき起こる」、3つが「よく起こる」。

> そのトラブルがどこで起きたかを表している。

SCENE 02 | 頻度 ★★　　ジェネラルエリア

OBエリアにスタンスをとって打った

> どんなトラブルが起きたかを示す。

状況 ボールはセーフだったのでプレーしたところ、他のプレーヤーから、スタンスがOBエリアに入っていたと言われた。

> 上の見出しを補足するとともに、より詳しい状況と事実関係を表記。

> ペナルティーの有無または、ルール上の救済処置の有無を表記。数字は罰打の数を表す。

罰打 0

処置法 そのままプレー続行

> そのトラブルからの処置のしかたを表記。

OBエリアはプレー禁止区域ではあるが、それはあくまでもボールがOBエリアにある場合だ。ティー区域外に**スタンス**をとっても問題ないように（➡P23）、ボールがインバウンズにあればOB区域にスタンスをとってプレーしても一向にさしつかえない。なお、スタンスをとる場所がない場合は、左打ちするか**アンプレヤブル**の処置をとるしかない。

38

> 上の処置法を補足するとともに、適用される規則を表記。なお、文中の太字はルールを解釈する上で重要な用語を表しており、その言葉の意味と解説は221ページからの「ルールのキーワード」に50音順で掲載されている。

3

最新 一番よくわかる ゴルフルール contents

オールカラー

本書の特長と見方 …………………………………………………………………………… 2

PART 1 | 必ず守りたいプレーヤーの行動 13~20

1　服装はプレーにふさわしいものを ……………………………………………… 14
2　スタート時間は厳守 ……………………………………………………………… 14
3　合計のハンディは100以内に …………………………………………………… 15
4　ショットの際は必ず安全を確認 ………………………………………………… 15
5　人のショットは静かに見守る …………………………………………………… 16
6　プレーは迅速に …………………………………………………………………… 16
7　遅れが出たら後続組をパスさせる ……………………………………………… 17
8　積極的に「最大スコア」を採用しよう ………………………………………… 17
9　ディボット跡は必ず修復 ………………………………………………………… 18
10　バンカーならしは自分で行う …………………………………………………… 18
11　グリーン上は静かに歩く ………………………………………………………… 19
12　パッティングラインの前後に立たない ………………………………………… 19
13　スコアはグリーン外でつける …………………………………………………… 20
14　ローカルルールは必ず確認 ……………………………………………………… 20

PART 2 | ティーイングエリアでのルール 21~34

SCENE 01　ティー区域外から打ってしまった ………………………………………… 22

4

SCENE 02　スタンスがティー区域外に出ていた ……………………… 23
SCENE 03　盛り上げた砂にボールを置いて打った ……………… 24
SCENE 04　チョロしたのでティーマーカーを動かして打った …… 25
SCENE 05　ティーアップしたボールの後ろの地面を直して打った … 26
SCENE 06　打順を間違えて打ってしまった ……………………… 27
SCENE 07　空振りしてしまった ……………………………………… 28
SCENE 08　空振りでティーから落ちたボールを再度ティーアップした … 29
SCENE 09　ワッグル中にティーペッグからボールが落ちた ……… 30
SCENE 10　ティーショットがOBになってしまった …………… 31
SCENE 11　宣言せずに暫定球を打ってしまった ………………… 32
SCENE 12　自分の判断で暫定球を4発も打った ………………… 33
SCENE 13　アンプレヤブルを宣言して違う地点にティーアップして打った … 34

PART 3 ジェネラルエリアでのルール　35〜114

SCENE 01　セーフだと思ったボールがOBエリアに入っていた ……… 36
SCENE 02　OBエリアにスタンスをとって打った ………………… 38
SCENE 03　邪魔なOB杭を抜いて打った ………………………… 39
SCENE 04　あるはずのボールが見つからない …………………… 40
SCENE 05　初球と暫定球の区別がつかない ……………………… 41
SCENE 06　暫定球を打った後に初球が見つかった …………… 42
SCENE 07　初球よりホールに近づいて暫定球をプレーした …… 43
SCENE 08　自分のボールかどうかはっきりしない ……………… 44
SCENE 09　初球が見つかったが打ちにくいので暫定球でプレーした … 45
SCENE 10　ホールから遠いプレーヤーより先に打ってしまった … 46
SCENE 11　間違えて他のプレーヤーのボールを打ってしまった … 47
SCENE 12　木の枝にボールが引っかかってしまった …………… 48
SCENE 13　木の上のボールを確認できない …………………… 50
SCENE 14　木の支柱がショットの邪魔になる …………………… 51
SCENE 15　支柱だけでなく樹木自体が障害になる ……………… 52

5

SCENE 16	マークせずにボールを拾い上げてしまった	53
SCENE 17	カート道路にボールが止まってしまった	54
SCENE 18	修理地にボールが止まっている	56
SCENE 19	スタンスが修理地にかかってしまう	57
SCENE 20	修理地の青杭を抜いて打った	58
SCENE 21	マンホールのふたの上にボールが止まってしまった	59
SCENE 22	うっかり自分のボールを動かしてしまった	60
SCENE 23	他のプレーヤーのボールを蹴飛ばしてしまった	61
SCENE 24	ボールを確認するためラフの芝をかき分けた	62
SCENE 25	もぐらの掘った穴の近くにボールが止まってしまった	63
SCENE 26	ショットの勢いでボールがフェアウエーにくい込んでしまった	64
SCENE 27	ボールの後ろのラフを踏みつけて打った	65
SCENE 28	カラスがボールをくわえて飛んでいってしまった	66
SCENE 29	切り倒された木の近くにボールが止まってしまった	67
SCENE 30	作業車に当たったボールがOBになってしまった	68
SCENE 31	方向がわかるようクラブを置きスタンスをとって打った	69
SCENE 32	ボールの後ろの小枝を取り除いてから打った	70
SCENE 33	ボールの後ろに埋まっていた小石を取り除いてから打った	71
SCENE 34	水溜まりにボールが入ってしまった	72
SCENE 35	修理地に入ったボールが見つからない	73
SCENE 36	他のプレーヤーに使ったクラブの番手を聞いた	74
SCENE 37	他のプレーヤーにグリーンまでの距離を聞いた	75
SCENE 38	ボールが泥だらけではっきり確認できない	76
SCENE 39	別のボールをドロップした直後に初球が見つかった	77
SCENE 40	座って地上すれすれの位置からボールをドロップした	78
SCENE 41	救済エリア内に立ちドロップしたらボールが足に当たって止まった	80
SCENE 42	ドロップしたボールがラフに入りそうなので足で止めた	81
SCENE 43	池に入ることが確実だったのでクラブでガードした	82
SCENE 44	ドロップする前に救済エリア内の落ち葉を取り除いた	84
SCENE 45	ラフの修理地から救済を受けたボールがフェアウエーに止まった	85
SCENE 46	ディボット跡をならしてからドロップした	86

SCENE 47	ドロップする前にボールを交換した	87
SCENE 48	間違った場所にドロップしてしまった	88
SCENE 49	ドロップすべきところをプレースしてショットした	89
SCENE 50	落ち葉を取り除いてからボールをリプレースしてショットした	90
SCENE 51	拾い上げたボールを別のボールに交換してリプレースした	91
SCENE 52	ボールマーカーを置いたままリプレースしたボールを打った	92
SCENE 53	斜面にリプレースしたボールが元の位置に止まらない	93
SCENE 54	ショットの勢いでボールが傷ついた	94
SCENE 55	キャディーにボールをリプレースさせてショットした	95
SCENE 56	止まっていたボールが突風で動いた	96
SCENE 57	構えたヘッドが触れてボールが動いた	97
SCENE 58	バックスイング後ボールが動いたがそのままショットした	98
SCENE 59	ボールの後ろの鉛筆を取り除いたらボールが動いた	99
SCENE 60	スタンスをとってソールしたらヘッドがボールに触れた	100
SCENE 61	打ったボールが木に跳ね返り体に当たってしまった	101
SCENE 62	打ったボールが他のプレーヤーのボールに当たってしまった	102
SCENE 63	通常のショットが不可能なので左打ちをした	103
SCENE 64	木の下にあるボールを手前にかき寄せた	104
SCENE 65	クラブのグリップ部分でボールを打った	105
SCENE 66	タオルを敷いてひざまづいて打った	106
SCENE 67	バンカーならしを取り除いてから打った	107
SCENE 68	コースに残っていた雪の中にボールが潜ってしまった	108
SCENE 69	待ち時間に別のボールでアプローチ練習をした	109
SCENE 70	ラフに落ちていたロストボールを片手で軽く打った	110
SCENE 71	2度打ちしてしまった	111
SCENE 72	防護ネットがショットの邪魔になる	112
SCENE 73	雨でグリップが滑るのでハンカチを巻いて打った	113
SCENE 74	キャディーを目印にしてショットした	114

PART 4　バンカーでのルール　115~138

SCENE 01	ストロークの前にクラブヘッドが砂に触れた	116
SCENE 02	気になる枯れ葉を取り除いた	117
SCENE 03	バックスイングでバンカー内の落ち葉にヘッドが触れた	118
SCENE 04	不使用のクラブを砂の上に置いて打った	119
SCENE 05	バンカーショットをミスしてカッとなってクラブで砂をたたいた	120
SCENE 06	ショット後、砂をならしたところにボールが転がり戻った	121
SCENE 07	OBとわかった後に砂をならした	122
SCENE 08	1度とったスタンス跡を直してから再度スタンスをとった	123
SCENE 09	砂に埋まったボールを確認するため少し砂を取り除いた	124
SCENE 10	スタンスをとった後にボールが動いた	125
SCENE 11	ボールをドロップしたら目玉になってしまった	126
SCENE 12	自分のボールを確認するため一方のボールを拾い上げた	127
SCENE 13	バンカー土手のボールにスタンスをとる際ヘッドが砂に触れた	128
SCENE 14	誤ってバンカー内の砂面に手をついてしまった	129
SCENE 15	バンカーショットをトップしたボールがバンカー土手に突き刺さった	130
SCENE 16	バンカー内の水溜まりにボールが止まってしまった	132
SCENE 17	バンカーが満水でドロップするところがない	134
SCENE 18	他のプレーヤーのショットでライが変わってしまった	135
SCENE 19	他のプレーヤーのボールがショットの邪魔になる	136
SCENE 20	ボールがグリーンに乗った後練習スイングをした	137
SCENE 21	ホールアウト後バンカーで2、3球練習した	138

PART 5　ペナルティーエリアでのルール　139~164

SCENE 01	池ポチャしてしまった	140
SCENE 02	ホールと平行に流れる川にボールが入ってしまった	142
SCENE 03	ペナルティーエリア内から打ったボールが池に入ってしまった	144

SCENE 04	エリア内にドロップしたもののスタンスが池にかかる位置だった	146
SCENE 05	ペナルティーエリアから打ったボールがOBになってしまった	148
SCENE 06	ペナルティーエリア内の土手にボールがめり込んでしまった	149
SCENE 07	ペナルティーエリアの標示がある林に入ったボールが見つからない	150
SCENE 08	池に入ったかどうかはっきりしない	151
SCENE 09	1度グリーンオンしたボールが転がり戻って池に入った	152
SCENE 10	奥のバンカーから打ったボールが手前の池に入ってしまった	154
SCENE 11	ペナルティーエリアの標示杭を抜いて打った	156
SCENE 12	橋の上に止まったボールをジェネラルエリアにドロップした	158
SCENE 13	枯れ葉を取り除いてから打った	159
SCENE 14	水中のボールを打つ際、ストローク前にヘッドが水面に触れた	160
SCENE 15	水中で動いているボールを打ってしまった	161
SCENE 16	川に入ったボールが流されてOBエリアに入ってしまった	162
SCENE 17	池からあふれ出た水の中にボールが止まってしまった	163
SCENE 18	プレー禁止区域にボールが入ってしまった	164

PART 6 グリーンでのルール 165~206

SCENE 01	カラーのボールをマークして拾い上げた	166
SCENE 02	ボールがカラーとグリーンの境目にある落ち葉の上に止まっている	167
SCENE 03	ライン上の枯れ葉を取り除いた	168
SCENE 04	ライン上のスパイクマークを直した	169
SCENE 05	エアレーションの穴が気になったのでパットの前に修復した	170
SCENE 06	ライン上の砂を取り除いた	171
SCENE 07	ライン上の朝露をパターヘッドで払いのけた	172
SCENE 08	ボールの真横5～6cmにマークして拾い上げた	173
SCENE 09	ボールマーカーを取り除かずにパットした	174
SCENE 10	指示していないのにキャディーが勝手にボールを拾い上げた	175
SCENE 11	マークする際うっかりボールを動かしてしまった	176
SCENE 12	ズラしておいたマークを戻さずにパットした	177

SCENE 13 パッティングライン上に水溜まりがある …………………… 178

SCENE 14 グリーン面を手でこすった ………………………………… 180

SCENE 15 ボールの汚れをグリーン面で拭いた ……………………… 181

SCENE 16 ラインを読む際に片手をグリーン面についた …………… 182

SCENE 17 マークしたボールをキャディーに転がして渡した ……… 183

SCENE 18 グリーンに止まっていたボールが突然動き出した ……… 184

SCENE 19 リプレース後に突風が吹きボールがわずかに転がった … 185

SCENE 20 ラインをまたぐようなスタイルでパットした …………… 186

SCENE 21 パターを使わずにアイアンでパットした ………………… 188

SCENE 22 カラーから打ったボールがカップと旗竿の間にはさまった …… 189

SCENE 23 パットしたボールが旗竿に当たってホールに入った …… 190

SCENE 24 ロングパットを打った後、キャディーに旗竿を取り除かせた … 191

SCENE 25 ホールの先に置いておいた旗竿に当たってボールが止まった … 192

SCENE 26 片手に旗竿を持ったままパットした ……………………… 193

SCENE 27 パットしたボールが他のプレーヤーのボールに当たった … 194

SCENE 28 他のプレーヤーのボールに当たってホールインした …… 196

SCENE 29 キャディーに傘をさせたままパットした …………………… 198

SCENE 30 キャディーの指示で足を目印にパットした ………………… 199

SCENE 31 スタンス後、後方からキャディーにラインを読んでもらった … 200

SCENE 32 他のホールのグリーンにボールが乗ってしまった ……… 201

SCENE 33 10cm前後のパットをOKとしてボールを拾い上げた …… 202

SCENE 34 ホールの縁に止まったボールを20秒以上見守った ……… 203

SCENE 35 パットが決まらなくなったので腕にグリップを着けてパットした … 204

SCENE 36 グリーン上のボールに後続組のボールが当たった ……… 206

PART 7 その他のルール　207~220

SCENE 01 15本のクラブを持ってラウンドした ……………………… 208

SCENE 02 キャディーが渡し間違えたクラブで打ってしまった …… 209

SCENE 03 クラブを忘れてしまったので他のプレーヤーから借りてしまった … 210

SCENE 04　シャフトが曲がってしまったので予備のクラブに交換したい ……………… 211
SCENE 05　貼ってあったバランス鉛をラウンド中にはがした …………………………… 212
SCENE 06　ラウンド中に他のプレーヤーから打ち方を教わった ………………………… 213
SCENE 07　聞いてもいないのにスイングの間違いを指摘された …………………………… 214
SCENE 08　ラウンド中、グリーンまでの距離が表示されるスコープを使用した ……… 215
SCENE 09　ティーイングエリアで補助用具を使って練習スイングした ………………… 216
SCENE 10　ボールが固く感じたので保温剤に包んで温めてから使用した ……………… 217
SCENE 11　実際より少ない打数を記入してスコアカードを提出した …………………… 218
SCENE 12　実際より多い打数を記入してスコアカードを提出した ……………………… 219
SCENE 13　サインを忘れてスコアカードを提出した …………………………………… 220

PART 8　ルールのキーワード　221~250

【ア行】

アウトオブバウンズ ………………… 222
アテスト ………………………………… 223
アドバイス ……………………………… 223
アプルーブ ……………………………… 223
アンプレヤブル ………………………… 224
異常なコース状態 ……………………… 225
一時的な水 ……………………………… 225
一般の罰 ………………………………… 225
インプレーのボール …………………… 225
動いた（ボール） ……………………… 226
OK ……………………………………… 226
OB ……………………………………… 226
オナー …………………………………… 226
オブザーバー …………………………… 226

【カ行】

改善 ……………………………………… 227

外的影響 ………………………………… 228
完全な救済のニヤレストポイント
 …………………………………………… 228
キャディー ……………………………… 229
救済エリア ……………………………… 229
クラブレングス ………………………… 229
コース …………………………………… 230
コースエリア …………………………… 230
誤球 ……………………………………… 230
誤所 ……………………………………… 230

【サ行】

最大スコア ……………………………… 231
最大限の救済が受けられるポイント
 …………………………………………… 231
暫定球 …………………………………… 231
サブグリーン …………………………… 232
ジェネラルエリア ……………………… 232

自然の力	233	パッティンググリーン	242
地面にくい込む	233	バンカー	243
重大な違反	233	フォアキャディー	244
障害物	234	フォアサム	244
修理地	235	フォアボール	244
審判員	235	プレース	245
スコアカード	235	プレーの線	245
スタンス	236	プレーの遅延	246
ストローク	236	紛失球	246
ストロークと距離（の罰）	237	ペナルティーエリア	246
ストロークプレー	237	ホール	247

【タ行】

ティー	237	ホールに入る	247
ティーアップ	238	ボールマーカー	248

【マ行】

ティーイングエリア	238	マーカー	248
ティーマーカー	239	マーク	248
テスト	239	マッチプレー	249

【ヤ行】

動物	240	用具	249
動物の穴	240		
ドロップ	240		

【ラ行】

【ハ行】

旗竿	241	リプレース	250
		ルースインペディメント	250

付録 ローカルルールと略式ハンディキャップ

そのコース独自のルールがローカルルールだ	252
コンペで役立つ略式ハンディキャップ	254

※本書は特に明記しない限り、2023年1月1日現在の情報にもとづいています。

PART 1

必ず守りたい
プレーヤーの行動

Etiquette & Manner

必ず守りたいプレーヤーの行動

① 服装はプレーにふさわしいものを

ゴルフウエアは襟付きが条件。リゾートコースなどではTシャツに短パンでもOKな場合もあるが、人に不快感を与えないよう、こざっぱりとしたものを着用すること。

ゴルフコースは単にプレーする場所というだけでなく、そこに集まる人同士の社交の場でもある。特にメンバー制のコースをビジターとしてプレーする場合は、失礼のない身だしなみを心がける必要がある。

ゴルフには決められたユニフォームはないが、男性の場合はポロシャツなどの襟付きのシャツにスラックス、女性も襟付きのブラウスにパンツまたはキュロットスカートといった動きやすい服装がベスト。また、夏場は必ず帽子かサンバイザーを着用すること。

② スタート時間は厳守

4人1組でラウンドするゴルフでは遅刻は厳禁。コースにはスタート時間の最低1時間前には到着するようにし、また、スタートホールのティーイングエリアには、遅くとも10分前には集合するよう心がけよう。

なお、ルール上5分未満の遅刻に関しては、スタートホールのスコアに2打のペナルティーが科せられるだけで済むが、これを超えると競技失格となる。

遅刻は最大のマナー違反。コースに早く着いても、スタートホールの集合に遅れたらNG。

必ず守りたいプレーヤーの行動

③ 合計のハンディは100以内に

初心者は必ず上級者と組み、1組の合計ハンディは100以内にするのがマナーだ。

多くのゴルフ場はプレーを円滑に進められるよう、6〜8分間隔でスタート時間を決めている。通常のストロークプレーでは、4人1組でのラウンドとなる。このプレー時間を守るうえで重要になるのが1組の合計ハンディキャップだ。

「1組の合計ハンディは100以内でお願いします」と謳っているコースもあるように、初心者4人組でのラウンドは明らかなマナー違反。初心者がいる組には必ず上級者を1人入れるなど、1組の合計ハンディを100以内に抑えること。

④ ショットの際は必ず安全を確認

たとえ初心者であってもスイングのスピードはかなりのもの。何気なく行った素振りが大きな事故につながることも珍しくない。素振りをする場合は自分の前後左右をよく注意し、安全を確認したうえで行うようにする。

ショットの際は前方をしっかりと確認し、キャディーの合図を待ってから打つこと。万一、ミスショットで隣のホールなどに打ち込んでしまった場合は、すかさず「フォアー！」と大きな掛け声をかけ、注意を促すのが義務だ。

素振りにかぎらず、ショットの前には必ず前後左右の状況を確認する習慣をつけよう。

必ず守りたいプレーヤーの行動

⑤ 人のショットは静かに見守る

静止しているボールを打つゴルフでは、ちょっとした話し声ひとつでも打つ人にとっては大いに気になる。人がアドレスに入ったら私語をやめ、じっと静かに見守るのがマナーである。

なお、他のプレーヤーのショットを見守る場合は、打つ人から見て右斜め前方に静かに立つこと。これは打球事故を防ぐ意味でも、重要なエチケットだ。

人がアドレスに入ったら私語をやめ、じっと静かに見守るのがマナー。

⑥ プレーは迅速に

ゴルフのうまい人は皆一様にプレーが速い。打ち終わったらサッサとボールの落下地点へ歩いて行く。このテキパキとしたリズムがゴルフでは大切。ルールでもボールに構えてから40秒以内に打つことが推奨されている。

次打地点へ向かう際は必ずクラブを2、3本持ち、できるかぎり早足で歩くこと。プレー時間の目安は遅くてもハーフ2時間。これを守る意味でもスロープレーは厳禁だ。

プレーが遅い人は上達も遅い。上級者ほどスイングはゆっくりでもプレーは速い。

必ず守りたいプレーヤーの行動

⑦ 遅れが出たら後続組をパスさせる

初心者にとって上級者と同じペースでラウンドしろといってもなかなか難しいもの。そこで、万一、プレーに遅れが出た場合は、後続の組をパスさせたり、打順を変えてプレーする（レディーゴルフ）こと。これはルールでも推奨されている。

ショートホールなどでは、自分の組全員がオンしたらボールをマークして拾い上げ、後続組に合図して先にティーショットを打たせるのもマナーの1つだ。

遅れていると判断したら、迷わず後続組をパスさせる。無理に急ぐことはミスの元だ。

⑧ 積極的に「最大スコア」を採用しよう

初心者が多いラウンドや、プライベートコンペなどでは、ストロークプレーの形式のひとつである「最大スコア」（➡ P231）を積極的に採用したい。崖下にボールを落としたり、隣のホールに打ち込んでしまった場合など、初心者にリカバリーが困難なケースはよくある。本来のストロークプレーでは、何打叩こうと必ずすべてのホールをホールアウトしなければならないが、最大スコア形式でラウンドすれば、基準の時間内でのラウンドが可能になるはずだ。

自分の力量でリカバリーできないと判断したら、ギブアップするのもマナーの1つ。

必ず守りたいプレーヤーの行動

⑨ ディボット跡は必ず修復

　ディボットとは、ショットによって切り取られた芝生のこと。アイアンショットでよく起きるが、この切り取られたディボットは必ず元の場所に戻すか、バラバラになった場合は、ディボット跡に砂で目土（めつち）をしておくのがエチケットだ。
　プレーヤー全員がこの修復を怠らなければ、ディボット跡からのショットに悩むこともなくなるはず。やはり「情けは人のためならず」だ。

切り取ったディボットは元に戻し、足で踏みつけて平らにしておく。

⑩ バンカーならしは自分で行う

　バンカー周辺には、砂を平らにならすバンカーならし（レーキまたはトンボともいう）が置いてある。バンカーショットが終わったら、必ずこれでショットの跡や足跡をきれいにならしておくのがエチケットである。
　なお、バンカーへ入る場合はボールに近いところからではなく、土手を傷めないよう、必ず低いところから入るのもマナーの1つだ。

キャディー任せにせず、バンカーは自分で直す習慣をつけよう。

必ず守りたいプレーヤーの行動

⑪ グリーン上は静かに歩く

グリーンは、パットがしやすいようにグリーンキーパーによって整備されている。コースにとっては心臓部ともいえる大切なエリアだ。グリーンの芝は大変デリケートなため、歩行時は十分注意が必要。走ったり、飛び跳ねたりするのは無論のこと、スパイクを引きずってもいけない。あくまでも静かに、ゆっくりと歩くことを心がけよう。

グリーン上ではスパイクを引きずらないよう、ヒザを上げてゆっくりと歩くこと。

⑫ パッティングラインの前後に立たない

ショット以上に神経をつかうのがパッティング。200ヤードが1打なら10cmのパットも1打。打数で勝敗を競うゴルフでは、パットが大きなカギを握っている。人がパットのスタンスをとったらじっと見守るのがエチケットだ。パッティングラインの正面や目に入る位置に立つのはマナー違反。ラインに影がかかるような位置に立つのも厳禁だ。

パッティングラインの延長線上に立つのはマナー違反。打つ人の視界に入らないようなポジションをとること。

必ず守りたいプレーヤーの行動

⑬ スコアはグリーン外でつける

自分の組がホールアウトすると、ついそのままグリーン上でお互いのスコアの確認をしがちだが、これがスロープレーの一因ともなっている。全員がホールアウトしたら旗竿をホールに立て、すばやくグリーンを空けるのがマナー。スコアはグリーン外か、次のホールのティーイングエリアでつければいい。

ホールアウト後は速やかにグリーン外に出る。スコアは邪魔にならないところでつけること。

⑭ ローカルルールは必ず確認

ゴルフには本ルール（ジェネラルルール）のほかに、そのコース独自のローカルルールがある。このローカルルールはプレーを円滑に進めるために、本ルールの補足として定められているもの。ローカルとはいえ、明記された条項は本ルールに優先して守らなければならないことになっている（主なローカルルールに関しては➡ P252）。

ローカルルールはスコアカードに明記されているが、わからなければキャディーマスターなどに確認してからスタートすること。

PART **2**

ティーイングエリア
でのルール

Teeing area

SCENE 01 | 頻度 ★★★　ティーイングエリア

ティー区域外から打ってしまった

状況 ティーショットの際、ティーマーカーを結んだ線より前にティーアップして打ってしまった。

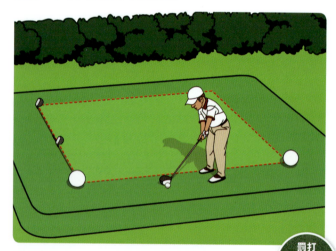

処置法 そのショットはスコアに加えずに取り消し、再度区域内から打ち直す（打ち直しは3打目）

罰打 2

一般的に**ティーイングエリア**はフェアウエーより一段高く盛り土されている場合が多いが、この部分すべてがティーイングエリアというわけではなく、規則によって2つの**ティーマーカー**の外側を結んだラインの後方**2クラブレングス**以内と決められている。万一、この区域外からショットしてしまうと2打罰となる。

SCENE 02 | 頻度 ★★★

ティーイングエリア

スタンスがティー区域外に出ていた

状況 ティーアップは正しく区域内にあったが、構えた足が区域外に出たまま打ってしまった。

処置法 そのままプレー続行

罰打 0

ティーイングエリアの範囲は、あくまでもボールを**ティーアップ**する場所を定めたものであるため、この区域内にボールがティーアップされていれば、**スタンス**が区域外に出ていても何ら問題はない。ティーイングエリアはすべて平らとは限らないので、ティーアップにだけ気をつけて足場のいい地点を探すのが得策だ。

SCENE 03 | 頻度 ★★ | ティーイングエリア

盛り上げた砂にボールを置いて打った

状況 ティーを忘れたので砂を盛り上げ、その上にボールを置いてショットした。

処置法 そのままプレー続行

罰打 0

ティーイングエリアからの第1打を打つ場合に限り、ティーの上にボールを乗せて（ティーアップ）打つことが許されているが、このほかにも砂や土を盛り上げて代用することも認められている。また、使用クラブと異なり、ティーやグローブ、ボールマーカーなどは他のプレーヤーから借りることも可能だ。

SCENE 04 | 頻度 ★★

ティーイングエリア

チョロしたので
ティーマーカーを動かして打った

状況 1打目をチョロした後、邪魔なティーマーカーを抜いてからショットした。

処置法 そのままプレー続行

罰打 **2**

ティーマーカー自体は人工物なので、ルール上**「障害物」**に該当するが、ボールがティーイングエリアにある場合、ティーマーカーを動かしてストロークに影響をおよぼす状況を改善すると2打罰となる。ボールが少しでもエリア外に出てさえいれば罰はなかったのだが・・・。

ティーアップしたボールの後ろの地面を直して打った

状況 ボールの後ろが盛り上がっていたのでヘッドでたたいて平らにしてから打った。

処置法 そのままプレー続行

罰打 0

ティーイングエリアから第1打を打つ前のボールは、まだ**インプレーのボール**とはなっていないため、ボールの前後の地面を修復しても問題はない。また、ティーイングエリアに限り、砂を盛り上げたり、芝を踏みつけたりすることも認められている。もちろん、別の場所に再度**ティーアップ**し直すこともOKだ。

SCENE 06 | 頻度 ★★★

ティーイングエリア

打順を間違えて打ってしまった

状況 打順を間違え、本来打つべきプレーヤーより先にショットしてしまった。

処置法 そのままプレー続行

罰打 0

ティーショットを打つ順番は、スタートホールではクジかジャンケンで、2番ホール以後は前ホールのスコアがよかった順に打つのが正しい打順となる。ただし、**ストロークプレー**ではこの順序を間違えても、意図的（だれかを有利にするような目的で）でなければペナルティーの対象とはならない。

| SCENE 07 | 頻度 ★★ | ティーイングエリア |

空振りしてしまった

状況 朝イチのショットで緊張し、見事に空振りしてしまった。

処置法 他のプレーヤーの後から
プレー続行

罰打 0

空振りでもボールを打つ意思があってスイングし、クラブヘッドがボールの位置を通過してしまえば、**1ストローク**としてカウントしなければならない。ただし、スイングの途中で意図的に空振りすることによってストロークを中止しようとした場合は、クラブヘッドがボールの位置を過ぎてもストロークは成立せず、スコアにはカウントされない。

SCENE 08 | 頻度 ★★

ティーイングエリア

空振りでティーから落ちた ボールを再度ティーアップした

状況 空振りでティーから落ちたボールを思わず拾い上げて、再びティーアップしてしまった。

ヒョイ！

罰打 0

処置法 そのままプレー続行

前ページと同じ状況で、空振りしたボールが**ティー**から落ちた場合でも、落ちたボールが**ティーイングエリア**内に留まっていれば、再びティーアップしてもペナルティーはない。ただし、空振りで落ちたボールはすでに**インプレー**となっているので、ティーイングエリア外に出ていた場合はそのままプレーするしかなく、拾い上げると1打罰となる。

SCENE 09 | 頻度 ★★★

ティーイングエリア

ワッグル中にティーペッグから
ボールが落ちた

状況 ワッグル中にヘッドが触れて、ティーからボールが落ちてしまった。

処置法 再度ティーアップして打つ

罰打 0

ティーショットを打つ前のボールはまだ**インプレー**ではなく、また、**ストローク**の準備動作であるワッグルは、素振りと同様にストロークとはならない。したがって、このケースに何らペナルティーは発生せず、そのままボールをティーに戻しても、別の位置に再度**ティーアップ**し直してもかまわない。

SCENE 10 | 頻度 ★★★

ティーイングエリア

ティーショットが OB になって しまった

状況 ティーショットが引っかかり、OB杭を越えてOB区域に入ってしまった。

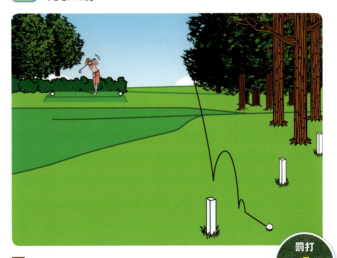

処置法 他のプレーヤーが打ち終わった後で打ち直す

罰打 1

OB（アウトオブバウンズ）が明白である場合は1打の罰を加えて、そのボールを最後にプレーした箇所にできるだけ近い地点からプレーし直さなければならない。このケースのようにティーショットであれば、**ティーイングエリア**内の好きな箇所に再度**ティーアップ**してプレーすればよい。ちなみに次打は第3打目となる。

SCENE **11** | 頻度 ★★　　　　　　　　　ティーイングエリア

宣言せずに暫定球を打ってしまった

状況 ボールが OB 方向へ飛んだので危ないと思い、勝手に暫定球を打った。

処置法 前球を放棄し、そのボールでプレー続行（次打は第4打目）

罰打 1

暫定球はボールが**ペナルティーエリア**に入った場合を除き、プレーヤーの判断で打つことができる。ただし、暫定球をプレーする場合は、あらかじめその旨を他のプレーヤーに宣言してから行わなければならない。宣言せずに打ってしまうと自動的に初球は放棄したものとみなされ、暫定球が**インプレーのボール**となってしまうので要注意。

SCENE 12 | 頻度 ★★★　　ティーイングエリア

自分の判断で暫定球を4発も打った

状況 打てども打てども OB 方向に飛び、4 発目がやっとフェアウェーに落ちた。

処置法 **そのままプレー続行**

罰打 0

暫定球は宣言さえすれば何度でもプレーすることができる。ただし、これは最初の球を探しに出かける前までであり、捜索に出てから途中で気になるからといって、暫定球をプレーしに戻ることはできないので要注意。万一、戻って打ち直してしまうと、初球がセーフでもその球は**紛失球**扱いとなってしまう。

SCENE 13 | 頻度 ★　　　ティーイングエリア

アンプレヤブルを宣言して
違う地点にティーアップして打った

状況 アンプレヤブルを宣言して再度ティーショットを打ったが、ティーアップの位置が前と違うというクレームがついた。

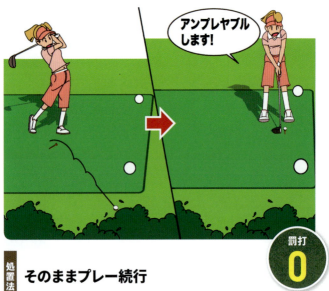

処置法 そのままプレー続行

罰打 0

ペナルティーエリア以外であれば、プレーヤーはいつでも**アンプレヤブル**を宣言することができる。アンプレヤブルには３つの処置法があり、その中の「前位置から打ち直す」という処置を選んだ場合、**ティーイングエリア**の範囲内であれば前位置と異なる地点に**ティーアップ**しても問題はない（もちろんアンプレヤブルの１打罰は加算される）。

PART 3

ジェネラルエリア
でのルール

General area

SCENE 01 | 頻度 ★★★ ｜ ジェネラルエリア

セーフだと思ったボールが OBエリアに入っていた

状況 ラフで止まっていると思ったボールが、行ってみるとOB杭を越えた林の中に入っていた。

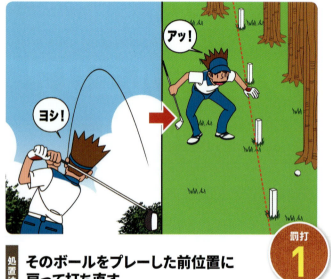

処置法 そのボールをプレーした前位置に戻って打ち直す

罰打 1

OBエリアは通常白杭によって標示されており、ここに入ったボールはプレーできず、前位置に戻って打ち直しとなる。OBとなったショットがティーショットであれば**ティーアップ**は可能。**ジェネラルエリア**もしくは**ペナルティーエリア**からのショットであれば、前位置に最も近い地点にボールを**ドロップ**し、**グリーン**上の場合は**プレース**してプレーする。

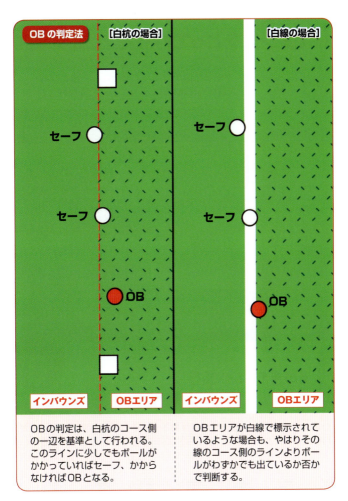

| OBの判定は、白杭のコース側の一辺を基準として行われる。このラインに少しでもボールがかかっていればセーフ、かからなければOBとなる。 | OBエリアが白線で標示されているような場合も、やはりその線のコース側のラインよりボールがわずかでも出ているか否かで判断する。 |

SCENE 02 | 頻度 ★★

ジェネラルエリア

OBエリアに
スタンスをとって打った

状況 ボールはセーフだったのでプレーしたところ、他のプレーヤーから、スタンスがOBエリアに入っていたと言われた。

処置法 そのままプレー続行

罰打 0

OBエリアはプレー禁止区域ではあるが、それはあくまでもボールがOBエリアにある場合だ。ティー区域外に**スタンス**をとっても問題ないように（➡P23）、ボールがインバウンズにあればOB区域にスタンスをとってプレーしても一向にさしつかえない。なお、スタンスをとる場所がない場合は、左打ちするか**アンプレヤブル**の処置をとるしかない。

SCENE 03 | 頻度 ★　　　ジェネラルエリア

邪魔な OB 杭を抜いて打った

状況 ボールはセーフだったが、近くの OB 杭が邪魔になったので杭を抜いてショットした。

処置法 杭を戻してプレー続行

罰打 2

標示杭には、**修理地**を示す青杭や**ペナルティーエリア**を示す黄杭（または赤杭）などがあり、これらは　ルール上**障害物**に該当するため、抜いてもペナルティーはない。ただし、**OB**エリアを表示する白杭は境界物にあたるため、上記のペナルティーとなる。ただし、誤って抜いても打つ前に元の状態に復元すればペナルティーは科せられない。

SCENE 04 | 頻度 ★★★ ジェネラルエリア

あるはずのボールが見つからない

状況 フェアウエーに止まったと思ったボールが、行ってみるとどこにも見つからない。なくなるはずはないと思うのだが……？

処置法 そのボールをプレーした前位置に戻って打ち直す

罰打 1

3分間の捜索時間を過ぎてもボールが見つからない場合は**紛失球**となり、そのボールをプレーした前位置に戻って打ち直さなければならない。前位置が**ティーイングエリア**なら**ティーアップ可**、**ジェネラルエリア**または**ペナルティーエリア**の場合は、そのボールをプレーした地点に最も近い箇所にボールを**ドロップ**してプレーする。

SCENE 05 | 頻度 ★★　ジェネラルエリア

初球と暫定球の区別がつかない

状況　OBのおそれがあったので暫定球をプレーしたが、行ってみると2つともセーフで区別がつかなくなってしまった。

処置法　**どちらかのボールを任意で選び、暫定球としてプレーする**

罰打 **1**

2つともセーフなので初球が生きているのは事実だが、区別がつかない場合は、公正の理念にのっとって初球を放棄し、どちらか一方を**暫定球**として扱って（**インプレーのボール**として）プレーしなければならない。こんなことにならないためにも、ショットの前にはボール番号をしっかりと確認し、暫定球は初球と異なる番号のものを使うことが大切だ。

SCENE 06 | 頻度 ★★★　ジェネラルエリア

暫定球を打った後に
初球が見つかった

状況 初球を1〜2分探したが見つからないので、打っておいた暫定球をプレーしたが、その直後キャディーが初球を発見した。

処置法 暫定球をインプレーのボールとしてプレーする

罰打 1

ボールの捜索にかけられる時間は3分間以内と決められているため、このケースはタイムオーバーにはあたらない。ただし、すでに捜索をあきらめて前方にある**暫定球**をプレーしてしまっているので、その時点で初球は放棄したものとみなされる。したがって、1打の罰を加えたうえで暫定球を**インプレーのボール**としてプレーしなければならない。

SCENE 07 | 頻度 ★★　ジェネラルエリア

初球より**ホール**に近づいて暫定球をプレーした

状況 初球がかなり先にあると思い込み、打っておいた暫定球を再びショットしたところ、その地点より後方で初球が見つかった。

処置法 **暫定球をインプレーのボールとしてプレーする**

罰打 1

暫定球は3分間の捜索時間内に初球が見つかるまでは何度でもプレーすることが許されている。ただし、このケースのように初球より**ホール**に近づいて暫定球をプレーしてしまうと、自動的に初球は放棄したものとみなされてしまう。また、これは実際に初球があった場所かどうかだけでなく、捜索地点よりホールに近づいてプレーした場合も同様だ。

43

SCENE 08 | 頻度 ★★　　ジェネラルエリア

自分のボールかどうかはっきりしない

状況 ボールが落ちた地点を探したところ、ボールが2個並んでおり、どちらが自分のボールかわからなくなってしまった。

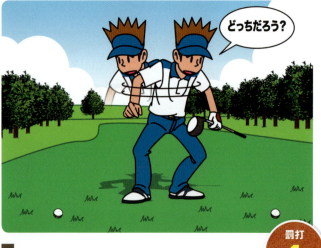

どっちだろう？

処置法 そのボールをプレーした前位置に戻って打ち直す

罰打 1

どちらかが自分のボールであることはハッキリしていても、特定できなければ**紛失球**として扱わなければならず、1打のペナルティーを科したうえで上記の処置をとることになる。これを防ぐためにもショットの前には自分のボール番号をしっかり確認し、他のプレーヤーと同じブランドであればマジック等で目印を付けておくくらいの配慮が必要だ。

SCENE 09 | 頻度 ★★　　ジェネラルエリア

初球が見つかったが打ちにくいので
暫定球(ざんていきゅう)でプレーした

状況 初球がラフにある木の根本で見つかったが、打ちにくいのでフェアウエーにある暫定球を選んでショットした。

こっちで打とう！

罰打 2

処置法 打ったボールは放棄し、改めて初球をプレーする

暫定球は初球が**OB**もしくは**紛失球**になるおそれがある場合に打っておく仮の球であり、初球がインバウンズで見つかった場合は暫定球は放棄しなければならない。このケースではそれをせずに暫定球をプレーしてしまったので、**誤球**によるペナルティーが科せられる。なお、初球がどうしても打てない状況であれば、**アンプレヤブル**の処置をとるしかない。

45

SCENE 10 | 頻度 ★★★　　ジェネラルエリア

ホールから遠いプレーヤーより先に打ってしまった

状況　後方にいたプレーヤーに気づかず、そのプレーヤーより先に、ホールに近い自分のボールをショットしてしまった。

処置法　そのままプレー続行

罰打 0

ストロークプレーの場合、**ホール**より遠い人から順に打つ"遠球先打"はあくまでも原則であり、誤って違反してもペナルティーの対象とはならない。ただし、複数のプレーヤーが特定のプレーヤーを有利にする目的で意図的に打順を替えてプレーした場合は、それに関連したプレーヤー全員に2打のペナルティーが科せられるので要注意。

SCENE 11 | 頻度 ★★★　　ジェネラルエリア

間違えて他のプレーヤーのボールを打ってしまった

状況 ボール番号をよく確認せず、自分のボールだと思い込んで他のプレーヤーのボールを打ってしまった。

処置法 改めて自分のボールをプレーし直す

罰打 2

これは明らかな**誤球**のプレーとなるケース。ついうっかりであっても、自分の**インプレーのボール**以外のボールをショットしてしまえば上記のペナルティーは免れない。打ち直さず次の**ホール**のティーショットを打ってしまうと（最終ホールでは**スコアカード**を提出してしまうと）競技失格となる。なお、誤球をプレーした打数はスコアには算入されない。

SCENE 12 | 頻度 ★

ジェネラルエリア

木の枝にボールが引っかかってしまった

状況 木の方向にボールが飛び、行ってみると枝の間に引っかかっていた。自分のボールであることは明白なのだが……。

処置法 そのままプレーするか アンプレヤブルの処置をとる

救済の有無 無

残念ながらこのケースでは無罰での救済は受けられず、そのままの状態でプレーするしかない。木の上にあるとはいえ、**インプレーのボール**であるため、木を揺すってボールを落とすと１打のペナルティーが科せられるので要注意。どうしても打てなければ、１打のペナルティーを払って**アンプレヤブル**の処置をとることになる（→右ページ）。

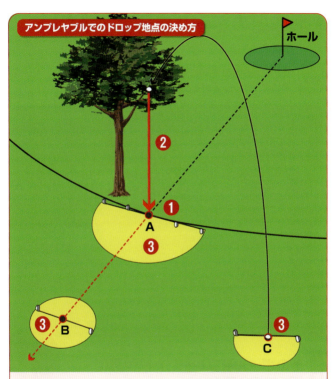

❶ 1打のペナルティーを科し、ボールの真下の基点をマークする。
❷ 木を揺すってボールを落とす。
❸ 基点から2クラブレングス以内で、ホールに近づかないエリア(図A)もしくは、ホールと❶の基点とを結んだ基準線の後方延長線上(距離の制限はない)にドロップ(ボールが最初に地上に落ちた地点から1クラブレングス以内に止まった箇所　図B)、またはそのボールをプレーした前位置から1クラブレングス以内で、ホールに近づかないエリアにドロップ(図C)、のいずれかからプレーする。

SCENE 13 | 頻度 ★★　ジェネラルエリア

木の上のボールを確認できない

状況 ラフにある木の方向に飛んだボールが見つからない。たぶん木に引っかかっていると思うのだが……。

処置法 そのボールをプレーした前位置に戻って打ち直す

罰打 1

木の枝にボールが引っかかってしまったケースと同様、**アンプレヤブル**の処置をとることは可能だが、ボールの位置を確認できないため、そのボールをプレーした前位置に戻ってプレーすることになる。結果としては**紛失球**と同じ処置となる。**ペナルティーエリア**以外であれば、アンプレヤブルはいつでも選択できる。

SCENE 14 | 頻度 ★★　　ジェネラルエリア

木の支柱がショットの邪魔になる

状況 木の近くに飛んだボールが、立てかけられた支柱にくっつくように止まってしまった。支柱さえなければ打てるのだが……。

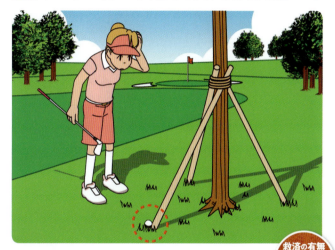

処置法 ニヤレストポイントから、1クラブレングス以内でホールに近づかない地点にボールをドロップしてプレーする

救済の有無 有

樹木の保護のために設けられた支柱は人工物であるから、これらがスイングの妨げになる場合は動かせない**障害物**として扱う。**ホール**に近づかずにその障害を避け、かつボールの止まっている地点に最も近い箇所をコース上に決め、そこから**1クラブレングス**以内に無罰で**ドロップ**してプレーできる（**スタンス**がかかる場合も救済可）。

SCENE **15** | 頻度 ★★　　　ジェネラルエリア

支柱だけでなく樹木自体が障害になる

状況 前ページと同じような状況だが、さらにボールが木に近づいて止まっていて、支柱がなくても打てそうにない。

処置法 そのままプレーするか、アンプレヤブルとして処置

救済の有無 無

支柱さえあればいつでも救済が受けられると考えている人が多いが、これは大きな間違い。このケースのように木そのものが障害で、かりに支柱がなくても打てないような状況であったり、通常のショットには不必要な**スタンス**をとったときのみ支柱が邪魔になるといったようなケースでは、動かせない**障害物**からの救済処置は受けられない。

SCENE 16 | 頻度 ★★★ ジェネラルエリア

マークせずにボールを拾い上げてしまった

状況 止まっているボールが自分のものかどうかわからなかったので、拾い上げて番号を確認した。

処置法 元の位置にリプレースしてプレーする

罰打 1

このケースのように自分のボールかどうか確認する場合や、他のプレーヤーのプレーの妨げまたは援助となるケースでは、ボールの拾い上げは認められている。ただし、このように**リプレース**を要求するルールに基づいてボールを拾い上げる場合は、必ずその位置を**マーク**してからでなければならず、これに違反すると上記のペナルティーが科せられる。

SCENE 17 | 頻度 ★★★　　ジェネラルエリア

カート道路にボールが止まってしまった

状況 ホールの横を走る舗装されたカート道路にボールが止まってしまった。

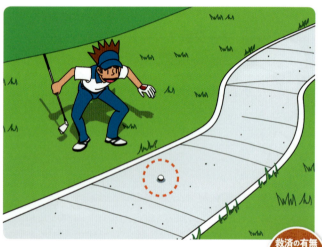

処置法 ニヤレストポイントを決め、右ページのエリアにボールをドロップしてプレーする

救済の有無 有

ルール上、人工物であるカート道路は動かせない**障害物**にあたるため、ボールがここに止まってしまった場合は、罰なしに**完全な救済のニヤレストポイント**から**1クラブレングス**以内で、**ホール**に近づかずにその障害を避けられる地点（ペナルティーエリア以外の場所）にボールを**ドロップ**してプレーすることができる（➡右ページ）。

ドロップエリアの決め方

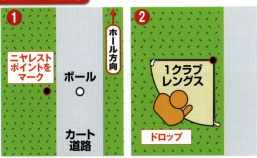

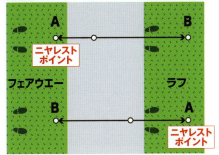

❶ニヤレストポイントを決め、ティーかコインなどで、その位置をマークする。
❷ニヤレストポイントよりホールに近づかずにその障害を避けられる1クラブレングスのエリア内にドロップする。

● **ニヤレストポイントの位置でドロップエリアは決まる**
道路のどちら側にドロップするかは、ニヤレストポイントがどこかによって必然的に決まってくる。図のようなケースではともにA点がニヤレストポイントとなるので、ドロップエリアは上はフェアウエー、下はラフとなる。

SCENE **18** | 頻度 ★★★　　ジェネラルエリア

修理地にボールが止まっている

状況 打ったボールが、芝がはげ、青杭で標示されている区域に入ってしまった。

処置法 ニヤレストポイントから、1クラブレングス以内でホールに近づかずに障害を避けられる地点にドロップ

救済の有無 **有**

修理地は通常、青杭または白線で標示されており、ボールがここに入った場合は、罰なしに救済を受けることができる。**ドロップ**はカート道路に止まったときと同様のエリア内に行えばよい（➡P54）。なお、標示がなくても、ほかに移すために一時的に積み上げてある物（工事のための資材など）や、グリーンキーパーが作った穴なども修理地に含まれる。

56

SCENE 19 | 頻度 ★★ | ジェネラルエリア

スタンスが修理地にかかってしまう

状況 ボールは修理地の外に出ているのだが、スタンスが修理地に入ってしまう。

処置法 ニヤレストポイントから、1クラブレングス以内でホールに近づかずに障害を避けられる地点にドロップ

救済の有無 有

修理地や動かせない**障害物**からの救済では、ボールがその状態にあるときだけでなく、**スタンス**がかかる場合や、スイングの妨げになるようなケースでも罰なしに救済を受けることが可能。ただし、極端に変則的なスタンスをとるとか、わざと左打ちしようとするなど、意図的に状況をよくする行為についてはもちろん不可。

| SCENE 20 | 頻度 ★★ | ジェネラルエリア |

修理地の青杭を抜いて打った

状況 ボールは修理地外だったが、青杭がショットの邪魔になったので抜いてからショットした。

処置法 そのままプレー続行

罰打 0

OBエリアを標示する白杭を除き、**修理地**を示す標示杭は、ルール上、**障害物**とみなされるため、プレーに支障がおよぶ場合は抜いて打っても一向に差し支えない。また、地中深く刺さっていて簡単に抜けないような場合は、カート道路と同様に罰なしに動かせない障害物として扱い、ボールを**ドロップ**してプレーすることもできる（➡P55）。

SCENE 21 | 頻度 ★★★ ジェネラルエリア

マンホールのふたの上に
ボールが止まってしまった

状況 フェアウエーにある排水用のマンホールのふたの上にボールが止まってしまった。

処置法 **ニヤレストポイントから、1クラブレングス以内でホールに近づかずに障害を避けられる地点にドロップ**

救済の有無 **有**

マンホールにかけられている鉄製のふたは、カート道路同様**障害物**に該当するため、ここにボールが止まったり、スイングの妨げになるような場合は、罰なしに上記の救済を受けることができる。なお、このケースに限らず、ルールに基づいて**ドロップ**や**プレース**する場合は、ボールを交換することも認められている。

SCENE 22 | 頻度 ★★　　ジェネラルエリア

うっかり自分のボールを動かしてしまった

状況 ラフに落ちた自分のボールを探しているうちに、ついうっかり足がボールに触れ、ボールが動いてしまった。

処置法 元の地点にボールをリプレースしてプレーする

罰打 0

ラフや林などで、ボールを捜索中に誤ってボールを動かしてしまっても罰はない。なお、注意しなければならないのは**リプレース**のしかた。リプレースとは単に元の位置にボールを置くのではなく、「できる限り元の状態に近づけて置き直す」ということ。したがって、元の状態がラフに沈んでいたのなら、それを再現しなければならない。

SCENE 23 | 頻度 ★

ジェネラルエリア

他のプレーヤーのボールを蹴飛ばしてしまった

状況 林の中に打ち込んだ他のプレーヤーのボールを探していたところ、うっかりボールを蹴飛ばしてしまった。

処置法
ボールの持ち主か、ボールを動かしたプレーヤーのいずれかがリプレースする

罰打 0

自分のボールを動かしてしまったケースと同様、ボールの捜索中に偶然起こった出来事であるためだれにもペナルティーはなく、動かされたボールは蹴飛ばしてしまったプレーヤーか、そのボールの持ち主が**リプレース**すればよい。なお、元の場所が明確でない場合は、推定してリプレースすることになる。

ボールを確認するため
ラフの芝をかき分けた

SCENE 24 | 頻度 ★★ | ジェネラルエリア

状況 ボールが深いラフの中に入っていて自分のものかどうかわからなかったので、少し芝をかき分けて確認した。

処置法 そのままプレー続行

罰打 0

自己のボールを識別する目的であれば、このケースのように芝をかき分けてもペナルティーは科せられない。ただし、その範囲はあくまでも識別が可能な限度内であって、打ちやすくするためにボールの前後の芝を踏みつけて平らにならすといった行為は認められていない。万一こんなことをするとライの**改善**と見なされ、2打のペナルティーが科せられる。

SCENE 25 | 頻度 ★ 　　ジェネラルエリア

もぐらの掘った穴の近くにボールが止まってしまった

状況 林に入ったボールを探したところ、もぐらが掘った穴の近くにボールが止まっていた。

処置法 ニヤレストポイントから、1クラブレングス以内でホールに近づかずに障害を避けられる地点にドロップ

救済の有無 有

もぐらなどの**動物**が作った穴やこれらの通り道、また、掘り出された土などがプレーの妨げとなる場合は、罰なしに上記の救済が受けられる。処置法は**修理地**にボールが入った場合と同様と考えればよく、**スタンス**がかかる場合も救済される。**動物の穴**かどうか判断が難しい場合は、**キャディー**などに確認してから救済処置をとることが大切だ。

SCENE 26 | 頻度 ★★

ジェネラルエリア

ショットの勢いでボールが フェアウエーにくい込んでしまった

状況 ナイスショット！ と思って行ってみると、雨上がりでぬかるんでいたフェアウエーにボールがめり込んでいた。

処置法 ボールの直後の箇所から1クラブレングス以内でホールに近づかないジェネラルエリア内にドロップ

救済の有無 有

雨の日などによく起こるケースで、ショットの勢いでフェアウェーにめり込んでしまった場合は無罰で上記のような救済が受けられる。これはフェアウエーだけでなく、**ジェネラルエリア**であればどこでも適用され、ボールを拭くことも可能だ。ただし、この救済措置は直前のショットで起きた場合に限られる。

SCENE 27 | 頻度 ★★　ジェネラルエリア

ボールの後ろのラフを
踏みつけて打った

状況 ラフにあるボールの後方に2、3本長い草が生えており、打ちづらかったので踏みつけ、平らにならしてからショットした。

処置法 そのままプレー続行

罰打 2

「ボールはあるがままの状態でプレーする」というのがゴルフゲームの基本中の基本。打ちにくいからといってボール前後のライを**改善**するような行為には、上記のペナルティーが科せられる。また、スタンスをとるときにクラブをソールすることは許されるが、必要以上に強くヘッドを地面に押しつけると、上記のペナルティーとなりかねないので要注意。

SCENE 28 | 頻度 ★★　　ジェネラルエリア

カラスがボールをくわえて飛んでいってしまった

状況 ナイスショット！ と止まったボールを見ていたところ、カラスがそのボールをくわえて飛んでいってしまった。

救済の有無 有

処置法 無罰で、ボールがあったと推定される地点に別のボールをリプレースする

プレーヤーのボールに影響をおよぼす可能性があるカラスや犬、猫などの**外的影響**によって、**インプレーのボール**が動かされたり、方向を変えられた場合、動かされたボールは罰なしに**リプレース**することができる。ただし、このケースのようにボールが取り返せず、正確な位置がわからないような場合は、上記の処置をとることになる。

SCENE 29 | 頻度 ★★

ジェネラルエリア

切り倒された木の近くにボールが止まってしまった

状況 ラフに飛んだボールを探したところ、グリーンキーパーによって切り倒された樹木に寄り添うように止まっていた。

処置法 ニヤレストポイントから、1クラブレングス以内でホールに近づかずに障害を避けられる地点にドロップ

救済の有無 有

切り倒された樹木や、枯れ落ちた枝などの自然物は**ルースインペディメント**に該当するため、プレーに支障があればいつでも取り除くことができる。しかし、このような大木を動かすのは至難の業。そこで、このようにほかに移動する目的で一時的に置かれている物に関しては、それ自体を**修理地**として扱い、罰なしに上記の処置がとれることになっている。

SCENE 30 | 頻度 ★★　ジェネラルエリア

作業車に当たったボールが OB になってしまった

状況 フェアウエーから打ったボールがシャンクし、ラフで作業していた車に当たって OB エリアに入ってしまった。

処置法 **そのボールをプレーした前位置にドロップしてプレーする**

罰打 1

プレーヤー自身やその**キャディー**以外の人や物、動物など**外的影響**によってボールが動かされた場合は罰はなく、本来はボールが止まったところからプレーを続けることになる。しかし、**OB**となってしまえばそのままプレーすることはできないので、上記の処置となる。木に当たってOBになったのと同じことだ。

SCENE 31 | 頻度 ★★ | ジェネラルエリア

方向がわかるように**クラブを置き**スタンスをとって打った

状況 打ち上げでホールの方向が見えなかったので、予備のクラブを置いてスタンスをとってショットした。

処置法 そのままプレー続行

罰打 2

グリーンの方向が見えないことはままあるが、そんな場合、**キャディー**や他のプレーヤーに、方向を指示してもらうぶんには何ら問題ない（➡P75）。しかし、このケースのようにコース上に表示物を置いて**スタンス**をとってしまうと、打つ前に取り除いたとしても上記のペナルティーが科せられるので要注意だ。

ボールの後ろの小枝を取り除いてから打った

状況 ショットしようとしたところ、ボールのすぐ後ろに小枝があったので取り除いてから打った。

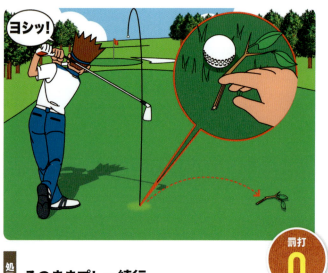

罰打 0

処置法 そのままプレー続行

落ちている小枝や枯れ葉、小石などの**ルースインペディメント**は、いつでも取り除くことが許されている。ただし、ベンチや排水溝のふたのような動かせない**障害物**とは異なり、ボールに触れているルースインペディメントを取り除く際、誤ってボールを動かしてしまうと1打のペナルティーが科せられるので要注意。

SCENE 33 | 頻度 ★　　ジェネラルエリア

ボールの後ろに埋まっていた小石を取り除いてから打った

状況 ボールの真後ろに小石が埋まっており、ヘッドに当たりそうだったのでグリーンフォークで取り除いてからショットした。

処置法 そのままプレー続行

罰打 2

このケースで問題になるのは、その小石が地面に埋まっていたという点。単に落ちていたのなら**ルースインペディメント**にあたるため取り除いても無罰だが、グリーンフォークを使って掘り起こさなければならないような小石は、ルースインペディメントには該当しない。したがって、このケースはライの**改善**とみなされ、上記のペナルティーの対象となる。

SCENE 34 | 頻度 ★★★　ジェネラルエリア

水溜まりにボールが入ってしまった

状況 フェアウエーど真ん中と思ったボールが、行ってみると昨夜の雨でできた水溜まりに入っていた。

処置法 **ニヤレストポイントから、1クラブレングス以内で、ホールに近づかないジェネラルエリア内にドロップ**

救済の有無 **有**

ペナルティーエリア以外の**コース**上で、雨などでできた**一時的な水**の中にボールが入ったり、**スタンス**がかかるような場合（そのショットで使うクラブを持ったときに）は、罰なしに上記の救済が受けられる。また、一見して水がなくても、スタンスをとると水がしみ出てくるようなら救済は可能だ。

SCENE 35 | 頻度 ★　　ジェネラルエリア

修理地に入ったボールが見つからない

状況 白線で囲まれた切り芝の中に飛び込んだボールが見つからない。入ったことはキャディーも目撃しているのだが……。

処置法 **ボールが修理地の縁を横切ったと思われる地点を基点としてニヤレストポイントを決め、救済処置をとる**

救済の有無 **有**

ボールさえ見つかれば**修理地**からの救済を受けられるのだが、ボールが見つからないとなると**ドロップ**地点を決定する**完全な救済のニヤレストポイント**の位置が決められないことになる。そこで、このような場合は、上記の処置で別のボールを無罰でドロップすることが許されている。なお、この救済は入ったことが事実上確実な場合にのみ受けられる。

他のプレーヤーに使ったクラブの番手を聞いた

SCENE 36 | 頻度 ★★★　ジェネラルエリア

状況 先に打った他のプレーヤーのショットが見事ピンそばに。そこで「何番で打った？」と聞いたところ「8番」と答えた。

処置法 そのままプレー続行

罰打 2（両者とも）

プレーヤーは正規のラウンド中は、自分の**キャディー**やパートナー以外からプレーの方法や決断に対して**アドバイス**を求めてはならないことになっており、このケースは明らかな規則違反。なお、問いかけに対して答えなければアドバイスは成立しないので、単に尋ねただけでは罰はないが、答えてしまえば両者ともに2打のペナルティーが科せられる。

SCENE 37 | 頻度 ★★ ジェネラルエリア

他のプレーヤーに
グリーンまでの距離を聞いた

状況 距離がわからなかったので、メンバーである他のプレーヤーにボール近くの樹木からグリーンまでの距離を聞いた。

処置法 そのままプレー続行

罰打 0

グリーンや**バンカー**の位置、方向といった"周知の事実"を聞くことは**アドバイス**には該当しないため、ペナルティーとはならない。ただし、「手前のバンカーは深いから大きめに打ったほうがいいよ」などと、プレーの方法に関しての助言が加わると、教えたほうに2打のペナルティーが科せられる。親切が仇となることもあるのでご注意を。

SCENE 38 | 頻度 ★★

ジェネラルエリア

ボールが泥だらけではっきり確認できない

状況 ぬかるんだフェアウエーに落ちたボールに泥が付いてしまい、ボール番号が確認できなくなってしまった。

処置法 マークしてボールを拾い上げ、確認できる限度内で付いた泥を落とした後、リプレースする

救済の有無 **有**

雨の日などでよく起こるケースだが、このような場合は罰なしに上記のような救済が受けられる。もちろん、ただ単にボールに泥が付いているからという理由ではダメ。また、**グリーン**上を除き、付着した泥を拭けるのは自分のボールかどうかを確認できる限度内でなければならず、きれいにしてしまうと1打の罰となる。

SCENE 39 | 頻度 ★★

ジェネラルエリア

別のボールをドロップした直後に
初球が見つかった

状況 林に入ったボールを1〜2分探したが見つからず、前位置に戻り別のボールをドロップした直後、初球が見つかった。

処置法 初球を放棄し、前の位置に戻ってドロップしたボールでプレーする

罰打 1

キャディーがボールを見つけたのが捜索のために認められている3分間以内であったとしても、別のボールを**ドロップ**してしまえばその時点で初球は放棄したものとみなされ、1打のペナルティーを科したうえでドロップしたボールが**インプレー**となる。セーフだとばかりに喜んで初球をプレーしてしまうと、**誤球**のプレーとなるので要注意。

SCENE 40 | 頻度 ★★　　ジェネラルエリア

座って地上すれすれの位置から ボールをドロップした

状況 ルールに従ってボールをドロップする際、座った姿勢で地上すれすれでボールを落とした。

罰打 0

処置法 ボールを拾い上げ、再度正しい方法でドロップし直す

ドロップのしかたはルール違反だが、まだそのボールをプレーしていないので、上記の処置をとればペナルティーは科せられない（万一、そのままプレーしてしまうと1打の罰となる）。正しいドロップのしかたは次ページの通り。なお、ドロップはあくまでもそのボールの持ち主が行わなければならないことになっている。

正しいドロップのしかた

❶ドロップエリアが定められているケース
1クラブレングスや2クラブレングスなど、ルールによりドロップの範囲が定められている場合は、その範囲内にボールが直接落ちるような位置に立ち、腕をひざの高さでいっぱいに伸ばしてドロップする。

❷後方線上にドロップするケース
アンプレヤブルやペナルティーエリアに入った場合など、ホールとボール(または境界点)との延長線上にドロップすることが求められるケースでは、そのライン上にボールが直接落ちるような位置に立ってドロップする。

救済エリア内に立ちドロップしたらボールが足に当たって止まった

状況 正しい方法でドロップを行ったが、たまたま地上に落下したボールが弾み、立っていた足に当たってエリア内に止まった。

処置法 そのままプレー続行

罰打 0

救済エリア内に立って**ドロップ**したボールが、地上に落下する前に足に当たったのであれば再ドロップとなるが、このケースは落下後のことであり、意図的に行ったわけでもないので罰はない。ドロップエリアに立つことは認められているので、エリア内に止まったボールは**インプレー**となる。

SCENE 42 | 頻度 ★　　ジェネラルエリア

ドロップしたボールが
ラフに入りそうなので足で止めた

状況 ラフとフェアウエーにかかるような位置からドロップした際、落下したボールがラフに入りそうだったので足で止めた。

処置法 再ドロップする

罰打 2

これは意図せず足に当たって止まった前ページとは異なり、**ドロップ**後に動いているボールを故意に止めたことになるため、上記のペナルティーを科したうえで再ドロップとなる。これは**救済エリア**内だけではなく、エリア外だったとしても動いているボールを故意に止めた場合は、同様のペナルティーとなる。

池に入ることが確実だったので **クラブでガード**した

状況 池近くの斜面からの救済を受ける際、ボールが池に入るのが明白だったので、クラブでガードしてからドロップした。

処置法 再ドロップする

罰打 0

このように斜面から救済を受ける際、**ドロップ**したボールが合理的にエリア内に止まる可能性がないと判断される場合は、エリア外にクラブ等を置いてボールの紛失をガードしても罰はない。その後の処置としてはボールを拾い上げて再ドロップし、再びエリア外に出た場合は次ページのように処置すればよい。

ドロップしたボールが救済エリア内に止まらない場合の処置法

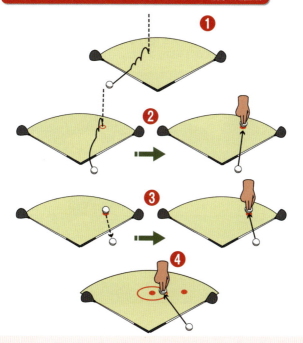

❶正しい方法で救済エリア内にドロップしたボールが、エリア内に止まらなかった場合は再ドロップする。
❷再ドロップしたボールが再びエリア外に出た場合は、再ドロップでボールが最初に地面に触れた箇所にボールをプレースする。
❸❷でプレースしたボールがその箇所に止まらない場合は、再び❷の箇所に再プレースする。
❹❸でも止まらない場合は、❷の箇所に最も近く、かつホールに近づかずにボールが止まる地点にボールをプレースする。

SCENE 44 | 頻度 ★★ 　　　　ジェネラルエリア

ドロップする前に救済エリア内の落ち葉を取り除いた

状況 カート道路からの救済を受ける際、エリア内の気になる落ち葉を取り除いてからドロップした。

処置法 そのままプレー続行

罰打 0

コース上の落ち葉や小枝、小石のような**ルースインペディメント**は、プレーヤーの任意でいつでも取り除くことが可能だ。**救済エリア**であってもボールを**リプレース**する場合と異なり（➡P90）、**インプレーのボール**のライを**改善**したことには該当せず、エリア内にボールが止まればそのままプレーすればよい。

SCENE 45 | 頻度 ★★

ジェネラルエリア

ラフの修理地から救済を受けた ボールがフェアウエーに止まった

状況 修理地から救済を受ける際、ニヤレストポイントはラフにあったが、ドロップしたボールはフェアウエーに止まった。

罰打 0

処置法 そのままプレー続行

こういったケースは一見プレーを有利にするようにも思えるが、規則通りに**ドロップ**されたボールが適正のエリア内に止まった結果であれば何の問題もない。確かにラッキーなケースではあるが、当然逆のケースも起こり得る。このあたりの運の良し悪しは、自然を相手にするゴルフならではといえよう。

SCENE 46 | 頻度 ★★ ジェネラルエリア

ディボット跡をならしてからドロップした

状況 ニヤレストポイントの近くにディボット跡があり、目土が盛り上がっていたので平らにならしてからドロップした。

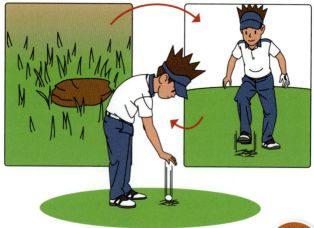

処置法 そのままプレー続行

罰打 2

ドロップエリアはその後自分がプレーを行う区域であるため、このケースはライの**改善**とみなされる。84ページのように**ルースインペディメント**の取り除きは認められるものの、ドロップの前にエリア内のラフを強く踏みつけたり、生えている木の小枝を折るなども同様だ。救済処置によるドロップだとしても、プレーを有利にするような行為は厳禁だ。

SCENE 47 | 頻度 ★★　　ジェネラルエリア

ドロップする前に
ボールを交換した

状況 アンプレヤブルを選択し、救済エリアにボールをドロップする際、気分を変えるためにボールを交換してドロップした。

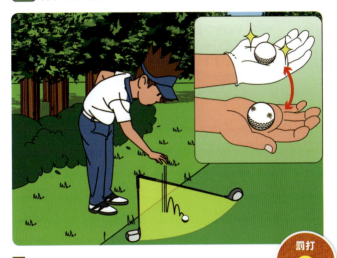

処置法 **そのままプレー続行**

罰打 0

ボールの確認など、**リプレース**を必要とするケースと異なり、**障害物**や**修理地**からの救済や**アンプレヤブル**など、**救済エリア**にボールを**ドロップ**（または**プレース**）してプレーすることが認められているケースでは、ボールを交換してもペナルティーはない。また、元のボールが泥などで汚れている場合は拭くことも可能だ。

SCENE **48** | 頻度 ★★★　　　ジェネラルエリア

間違った場所に ドロップしてしまった

状況 処置のしかたを間違え、本来ドロップすべき箇所ではない地点にドロップしてしまった。

処置法 ボールを拾い上げ、正しい地点にドロップする

罰打 **0**

いわゆる"**誤所**"に**ドロップ**をしてしまったわけだが、このケースもまだそのボールをプレーしていないので、その後に誤りを訂正し、上記の処置をとればペナルティーは科せられない。なお、これは規則に基づいてボールを**プレース**する場合も同様。万一、そのまま打ってしまうと、誤所からのプレーとなって2打のペナルティーが科せられる。

SCENE 49 | 頻度 ★★　　ジェネラルエリア

ドロップすべきところを
プレースしてショットした

状況 カート道路から救済を受ける際、ニヤレストポイントが斜面だったので、ドロップせずにボールをプレースしてショットした。

処置法 そのままプレー続行

罰打 2

ジェネラルエリアにあるカート道路や樹木の支柱といった動かせない**障害物**からの救済措置では、必ず**ドロップ**が要求される。いくらエリア内にボールが止まらないだろうと思われる状況でも、再ドロップを含め2回のドロップは必要で（➡P83）、これに違反してプレーしてしまうと上記のペナルティーとなる。

SCENE 50 | 頻度 ★　　　ジェネラルエリア

落ち葉を取り除いてからボールを リプレースしてショットした

状況 ボールを拾い上げた後、止まっていたボールが乗っていた落ち葉を取り除いてからリプレースしてショットした。

罰打 1

処置法 そのままプレー続行

落ち葉や小枝、小石などの**ルースインペディメント**を取り除く際、ボールを動かしてしまうと1打のペナルティーとなるのと同様、**リプレース**の前にその場所にあったルースインペディメントを取り除くと、上記の罰となる。仮に打つ前であっても、ボールをリプレースした時点でペナルティーが科せられる。

SCENE 51 | 頻度 ★★　　ジェネラルエリア

拾い上げたボールを別のボールに交換してリプレースした

状況 他のプレーヤーのショットの邪魔になるボールを拾い上げておいたが、別のボールをリプレースしてショットしてしまった。

処置法 そのままプレー続行

罰打 1

自分のボールが他のプレーヤーのプレーの援助や障害になると思える状況では、ボールを**マーク**して拾い上げることができる。ただし、その後**リプレース**するのは拾い上げたボールでなければならず、別のボールをリプレースしてショットしてしまうと、上記のペナルティーとなるので要注意。

SCENE 52 | 頻度 ★　　　ジェネラルエリア

ボールマーカーを置いたまま
リプレースしたボールを打った

状況 拾い上げておいたボールをリプレースしたが、ついうっかりボールマーカーを取り除かずにショットしてしまった。

罰打 1

処置法 そのままプレー続行

リプレースを要求するルールに従ってボールを拾い上げる場合は、ボールの直後かすぐ近くに**ボールマーカー**（もしくはクラブ）を置き、その位置を**マーク**しておく必要がある。ついうっかりとはいえ、リプレース後にそのボールマーカーを取り除かずにショットしてしまうと、上記のペナルティーとなる。

SCENE **53** | 頻度 ★★　　　　　　　　　　　ジェネラルエリア

斜面にリプレースしたボールが元の位置に止まらない

状況 傾斜地にボールをリプレースしようとしたのだが、ボールが止まらずに転がり出してしまった。

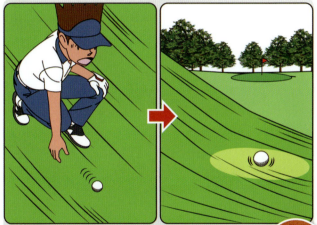

処置法 再プレース後もボールが止まらない場合はホールに近づかずボールが止まる最も近い地点にリプレースする

救済の有無 **有**

再度**リプレース**してもボールが止まらない場合は、上記の箇所にリプレースすればよい。なお、最初のリプレース地点が**ジェネラルエリア**の場合はジェネラルエリアに、**バンカー**や**ペナルティーエリア**なら同じエリア内に、**グリーン**の場合はグリーンかジェネラルエリアにリプレースしなくてはならない。

SCENE 54 | 頻度 ★★

ジェネラルエリア

ショットの勢いでボールが**傷ついた**

状況 アイアンショットをトップし、打った先へ行ってみるとボール表面のカバーが切れていた。

処置法 ボールをマークして拾い上げ、別のボールに交換してリプレースする

救済の有無 有

昨今のボールは多少のトップではそうそう割れることはないが、こういったケースのようにカバーが切れたり、ボールが割れたりしてしまった場合は、いつでも別のボールに交換することができる。ただし、単なる擦り傷であったり、変形しているというだけでは、この救済は受けられず、もし交換してしまうと2打の罰となる。

SCENE 55 | 頻度 ★　　ジェネラルエリア

キャディーにボールを
リプレースさせてショットした

状況 自分で拾い上げたボールが傷ついていたので、キャディーに持っていたボールをリプレースさせて打った。

処置法 そのままプレー続行

罰打 1

傷ついたボールの交換はルール上認められるが、**リプレース**はプレーヤー自身またはそのボールを拾い上げた人が行わなければならず、これに違反してプレーしてしまうと上記のペナルティーが科せられる。なお、捜索時など**キャディー**がボールを拾い上げていた場合は、キャディーがリプレースしてもペナルティーは科せられない。

SCENE 56 | 頻度 ★★　ジェネラルエリア

止まっていたボールが突風で動いた

状況 ボールを打とうとしたところ、突風でボールが 20〜30cm 転がっていった。

処置法 ボールが止まったところからプレーを続ける

罰打 0

ゴルフは自然を相手にするスポーツなので、雨や風はつきもの。このような**自然の力**によって起きたことは、そのまま受け入れなくてはならない。結果としてプレーしにくい状態になろうが、逆に有利になろうが関係なく、ボールが止まったところからプレーを続けることになる。万一、**OB**エリアに転がり込めばOBだし、**ホール**に入ればホールインとなる。

構えた**ヘッド**が触れて
ボールが動いた

SCENE **57** | 頻度 ★★　　ジェネラルエリア

> 状況　斜面に止まっていたボールにスタンスをとったところ、ヘッドがボールに触れてボールが転がってしまった。

処置法　**ボールをリプレースしてプレーする**

罰打 1

前ページと異なり、このケースはボールが動いた原因がプレーヤーにあることが明白であるため、1打のペナルティーを科したうえで、ボールを**リプレース**してプレーしなければならない。**グリーン**上を除き、プレーヤーの行為によって**インプレーのボール**が動いた場合はすべて同じ。もちろんティーショットの場合は無罰だ（➡P30）。

SCENE 58 | 頻度 ★　　　ジェネラルエリア

バックスイング後ボールが動いたがそのままショットした

状況 バックスイングを開始したところ、風でボールが少し動いたのだがスイングを止められず、そのまま打ってしまった。

処置法 そのままプレー続行

罰打 0

このケースは、ボールが動いた原因が風であることがはっきりしているためペナルティーはなく、そのままプレー続行となる。万一、**ストローク**を途中で中止した場合は、動き出したボールが止まったところから罰なしにプレーすればいい。ただし、動いた原因が風でなくプレーヤーの行為にある場合は、1打のペナルティーを加えて**リプレース**となる。

SCENE 59 | 頻度 ★　　ジェネラルエリア

ボールの後ろの鉛筆を取り除いたらボールが動いた

状況 ボールに寄りかかるようにして落ちていたスコア記入用の鉛筆を取り除いたところ、ボールが動いてしまった。

処置法 ボールをリプレースしてプレーする

罰打 0

鉛筆やタバコの吸い殻などの人工物は、ルール上**障害物**に該当するため、いつでも取り除くことができる。また、その取り除きの際、万一ボールが動いてもペナルティーはない。ここが**ルースインペディメント**と障害物の相違点だ（➡P234）。ゴルフルールは難解な点も多いが、用語の定義をしっかりと覚えておけば、処置に迷うことも少なくなるはずだ。

99

スタンスをとってソールしたらヘッドがボールに触れた

状況 ショットしようとしてクラブをソールしたところ、クラブヘッドがボールに触れた。幸いボールは動かなかったのだが……。

処置法 そのままプレー続行

罰打 0

スタンスをとったときに、誤ってクラブヘッドがボールに触れても、その結果としてボールが動かなければペナルティーの対象とはならない。また、触れた際にボールが多少揺れても元の位置に戻ればやはり無罰だ。しかし、ラフなどでクラブをソールした際、浮いていたボールが沈むと上下に動いたと見なされ、1打のペナルティーが科せられるので要注意。

SCENE 61 | 頻度 ★★ ｜ ジェネラルエリア

打ったボールが木に跳ね返り体に当たってしまった

状況 強引に木の間をねらって打ったボールが木に当たり、跳ね返ったボールが体に当たってしまった。

処置法 **ボールが止まったところからプレー続行**

罰打 **0**

このケースは、プレーヤー自身が自己の動いている**インプレーのボール**を止めたことになるが、故意に行ったわけではないので、ペナルティーは科せられない。また、これは自分の体だけではなくクラブやキャディバッグなどの**用具**、また、**キャディー**や他のプレーヤー、犬や猫といった**動物**に当たった場合も同じだ。

SCENE 62 | 頻度 ★★　　ジェネラルエリア

打ったボールが他のプレーヤーのボールに当たってしまった

状況 打ったボールが、前方のフェアウエーに止まっていた他のプレーヤーのボールに当たってしまった。

カチン！

処置法 ボールが止まったところからプレー続行

罰打 0

グリーン上を除き、**外的影響**（この場合は他のプレーヤーのボール）に当たっても罰はなく、ボールが止まったところから次のプレーを行えばいい。万一、当たったボールが**OB**エリアに入れば、その処置をとらなければならない。一方、当てられて動かされたプレーヤーのボールは、罰なしに元の位置に**リプレース**してプレーする。

SCENE 63 | 頻度 ★★★ | ジェネラルエリア

通常のショットが不可能なので左打ちをした

状況 ボールが木の根元に止まり、通常のスイングでは打てないので、ヘッドの背面で左打ちした。

処置法 そのままプレー続行

罰打 0

右打ちのプレーヤーにとって左打ちは苦肉の策。決して自己のショットを有利にすることにはならないので、そのこと自体に罰はない。また、ルール上ボールは「クラブヘッドで打つ」ことが義務づけられているが、「クラブフェースで打つ」とは限定されていないので、正しい**ストローク**さえ行えば、背面を使ったショットも認められる。

SCENE **64** | 頻度 ★★　　ジェネラルエリア

木の下にあるボールを手前にかき寄せた

状況 樹木の間にボールが止まってしまい、通常のスイングができないのでクラブヘッドでボールを手前にかき寄せた。

処置法 ボールが止まったところからプレー続行

罰打 2

これは明らかなルール違反。ボールの打ち方については「プレーヤーはクラブと球の間に一瞬の接触があるようにクラブヘッドで正しく球を打たなければならず、球を押し出したり、かき寄せたり、すくい上げてはならない」と規定されている。きちんと**スタンス**をとり、バックスイングからインパクトまでが一連の動作である必要がある。

SCENE 65 | 頻度 ★

ジェネラルエリア

クラブのグリップ部分でボールを打った

状況 木の枝にはさまったボールを、クラブのグリップエンドを使って打った。

処置法 **ボールが止まったところからプレー続行**

罰打 **2**

ボールはあくまでも「クラブヘッド」で打つことが義務づけられており、グリップエンドなどヘッド以外の部分で打つと、上記のペナルティーの対象となってしまう。このように通常のショットが行えないような場合は、**アンプレヤブル**を宣言して、1打のペナルティーを払ってその処置をとったほうが無難だ。

SCENE **66** | 頻度 ★　　　　ジェネラルエリア

タオルを敷いてひざまづいて打った

状況　木の枝が邪魔になったので地面にタオルを敷き、その上にひざまづいてショットした。

処置法　**ボールが止まったところから プレー続行**

罰打 **2**

正しい**ストローク**さえできれば、地面にひざをついてショットすることは認められている。しかし、このケースで問題になるのはタオルを敷いたこと。ルール上、土を掘ったり、石を積み上げるなど、人為的に**スタンス**の場所を作ることは禁止されており、タオルを敷くという行為はこれと同様にみなされる。

SCENE 67 | 頻度 ★★

ジェネラルエリア

バンカーならしを取り除いてから打った

状況 バンカー越えのアプローチを打つ際、飛球線上にあったバンカーならしが気になったので、取り除いてからショットした。

処置法 そのままプレー続行

罰打 0

バンカーならしはルール上**障害物**となるため、いつでも取り除くことが可能。したがって、このケースは問題なく無罰だ。しかし、逆にもともと**プレーの線**上にないのに、ミスした場合を考えて、ボールを止める目的を持ってバンカーならしなどの障害物を置いてガードしたりすると、プレー線の**改善**とみなされ、2打のペナルティーが科せられる。

SCENE 68 | 頻度 ★

ジェネラルエリア

コースに残っていた雪の中にボールが潜ってしまった

状況 ショットしたボールが、ラフに残っていた雪の中に潜り込んでしまった。

処置法
一時的な水もしくはルースインペディメントとして処置する

救済の有無 有

ルール上雪や氷はプレーヤーの任意で**一時的な水**か、**ルースインペディメント**のどちらかとして扱うことができる。前者とする場合は、救済のために許されたエリアにボールを**ドロップ**してプレーすればよく（➡P72）、後者とする場合は、雪自体を動かすことになる。もちろん、いずれの場合もペナルティーはつかない。

SCENE 69 | 頻度 ★★　　ジェネラルエリア

待ち時間に別のボールで
アプローチ練習をした

状況 フェアウエーでグリーンが空くのを待っている間、暇つぶしに別のボールを出してアプローチの練習をした。

罰打 2

処置法 **そのままプレー続行**

1ホールのプレー中に、自分の**インプレーのボール**以外のボールを打つと練習**ストローク**とみなされ、上記の罰となる。ただし、不当にプレーを遅延させない限り、**ホール**とホールの間では、プレーを終えたばかりの**グリーン**上や、次のホールの**ティーイングエリア**またはその付近でのパッティング練習や、チッピング練習は認められている。

SCENE 70 | 頻度 ★　　ジェネラルエリア

ラフに落ちていたロストボールを片手で軽く打った

状況 ラフで自分のボールを探していたとき、落ちていたロストボールを片手で持ったクラブで軽くはじくように打った。

処置法 そのままプレー続行

罰打 0

このケースは、きちんと**スタンス**をとって打ったわけではなく、練習する意図もなかったので、練習**ストローク**には該当しない。また、自分のボールだと思って打ったわけでもないので、誤球にもあたらない。万一、練習する意思がありスタンスをとって打った場合は2打のペナルティーが科せられる。いずれにしろ紛らわしい行為は慎んだほうが無難だ。

SCENE 71 | 頻度 ★　　ジェネラルエリア

2度打ちしてしまった

状況 ラフからアプローチしたところ、打ったボールが振り抜いたクラブヘッドに当たってしまった。

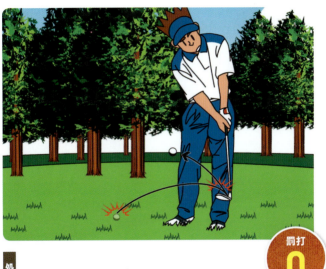

処置法 そのままプレー続行

罰打 0

意図せず1度の**ストローク**でクラブヘッドが2度以上ボールに触れてしまっても罰はなく、そのストロークを1打としてカウントすればよい。ただし、これは正しいストロークを行った場合であって、ラフの中のボールを押し出したり、かき寄せたり、すくい上げた場合は2打のペナルティーとなる。

SCENE 72 | 頻度 ★★★　ジェネラルエリア

防護ネットがショットの邪魔になる

状況 OB杭の外側に張られている防護ネットがスイングの障害になる。ボールはセーフなので救済を受けたいのだが……。

処置法 そのままプレーするか
アンプレヤブルの処置をとる

救済の有無 無

防護ネット自体は**障害物**だが、立っている区域はプレーが禁止されている**OB**エリアのため、このケースは無罰での救済処置は受けられず、そのまま打つか**アンプレヤブル**を宣言し、1打のペナルティーを払ってその処置をとるしか方法がない。もし、防護ネットがOB杭より内側(インバウンズ側)に張られていれば、救済処置が受けられたのだが……。

SCENE 73 | 頻度 ★　　　ジェネラルエリア

雨でグリップが滑るので
ハンカチを巻いて打った

状況 朝からの雨でグリップが濡れ、ショットの際に滑りそうなので握りの部分にハンカチを巻いてショットした。

処置法 そのままプレー続行

罰打 0

グリップ練習器のようにグリップの指が当たる部分に凹凸をつけたり、グリップ自体を変形させたクラブを使用した場合は競技失格となるが、このケースのようにハンカチやタオルを巻いたり、また、松ヤニやパウダーなどの滑り止めを使うことは認められている。とはいえ、雨になりそうな日は、いつもより多めにグローブを用意しておくこと。

SCENE 74 | 頻度 ★★★　ジェネラルエリア

キャディーを目印にしてショットした

状況 打ち上げのアプローチでピンが見えなかったので、目印のためにピンの方向にキャディーを立たせて打った。

処置法 そのままプレー続行

罰打 2

キャディーだけでなく他のプレーヤーに方向の指示を仰ぐことは、ショットの前に行うぶんには何ら問題ないが、それらの人や物を置いたまま打ってしまうと上記のペナルティーが科せられる。パットのときなど「私の右足をねらって」などという親切な（？）キャディーがいるが、その足を動かさずに打ってしまうと2打罰となるので要注意だ。

PART 4
バンカーでのルール

Bunker

SCENE 01 | 頻度 ★★★

バンカー

ストロークの前に
クラブヘッドが砂に触れた

状況 バンカーショットを打とうとしたところ、ついうっかりストロークの前にクラブヘッドが砂に触れてしまった。

処置法 **そのままプレー続行**

罰打 **2**

バンカーからのショットでは、**ストローク**の前にクラブを砂につけてはならないことになっており、これに違反すると上記のペナルティーとなる。バンカーショットの際、ヘッドを浮かせて構えるのはこのためだ。なお、ストロークとはダウンスイング以後のことを指すので、バックスイングでヘッドが砂に触れた場合も同罪となる。

SCENE 02 | 頻度 ★★　　バンカー

気になる枯れ葉を取り除いた

状況 バンカーのボールの後ろに落ちている枯れ葉がショットの邪魔になると思い、取り除いた。

処置法 そのままプレー続行

罰打 0

バンカー内であっても**ジェネラルエリア**同様、落ち葉や小枝、小石などの**ルースインペディメント**の取り除きはいつでも可能だ。ただし、枯れ葉を取り除く際、砂の状態を**テスト**する意思をもって、手やクラブで砂面をかき回したり、砂の中に埋まっているルースインペディメントを取り除いたりすると２打のペナルティーが科せられるので要注意。

SCENE 03 | 頻度 ★　　バンカー

バックスイングでバンカー内の落ち葉にヘッドが触れた

状況 バンカーショットの際、テークバックで近くにあった落ち葉にヘッドが触れた。砂にはヘッドは触れていなかったのだが…。

処置法 そのままプレー続行

罰打 0

バンカー内であってもジェネラルエリア同様、ルースインペディメントの取り除きは常に自由であり、その際にクラブやその他の用具を使用することも許されている。もちろん取り除かずにプレーすることも自由なので、このケースのように砂に触れず、単に落ち葉にヘッドが触れただけならペナルティーはない。

SCENE 04 | 頻度 ★★★　　バンカー

不使用のクラブを 砂の上に置いて打った

状況 バンカーからショットする際、2本のクラブを持ってバンカーに入り、使わないほうのクラブを砂の上に置いて打った。

処置法 そのままプレー続行

罰打 0

バンカー内にクラブやタオル、キャディーバッグなどの**用具**を置くことはルールで認められている。雨の日などに差していた傘を置いたり、ショット後すぐに砂をならせるよう、レーキを近くに置いておくといったことも、砂の**テスト**とならない限り問題ない。コース保護のために使用する物はプレーヤーか**キャディー**が手にしている限り、用具となる。

SCENE 05 | 頻度 ★★ バンカー

バンカーショットをミスしてカッとなってクラブで砂をたたいた

状況 バンカーショットしたボールが土手に当たって再びバンカーへ転がり戻った際、ついカッとしてクラブで砂をたたいてしまった。

処置法 そのままプレー続行

罰打 0

マナーとしては違反ともいえるが、砂の**テスト**やライの**改善**を意図した行為ではないので、このケースではペナルティーは科せられない。ただし、単に砂をたたいたのではなく、きちんとグリップを握ってスイングしたような場合は、練習**スイング**とみなされ2打のペナルティーとなることもあるので要注意。

SCENE 06 | 頻度 ★★　　　　　バンカー

ショット後、砂をならしたところにボールが転がり戻った

状況 バンカーショットしたボールが土手のラフで止まったので砂をならしたところ、そこにボールが転がり戻ってきてしまった。

処置法 そのままプレー続行

罰打 0

この場合、砂をならしている間ボールは土手に止まっていたため、プレーヤーはそこにボールが転がり戻ることをあらかじめ予知していたわけではない。したがって、ライの**改善**を行う意図がないのは明白なので、ペナルティーは科せられない。ただし、転がり戻った後も砂をならし続けると、2打のペナルティーとなるので要注意。

OBとわかった後に砂をならした

状況 バンカーショットがOBとなってしまったので、そのショットの跡をならしてから別のボールをドロップして打った。

処置法 そのままプレー続行

罰打 0

ストロークの前に**バンカー**の砂に触れてはいけない（砂の**テスト**）という規定は、あくまでもボールがそのバンカー内にあることが条件となるので、このケースにペナルティーはつかない。また、**OB**になったとはいえ、前のショットはすでに終了しているので、ショットの跡をならしてもライの**改善**にもあたらない。

SCENE 08 | 頻度 ★★ バンカー

1度とったスタンス跡を直してから再度スタンスをとった

状況 1度スタンスをとったが考え直し、そのスタンスの跡をならして、まったく別の位置にスタンスをとり直した。

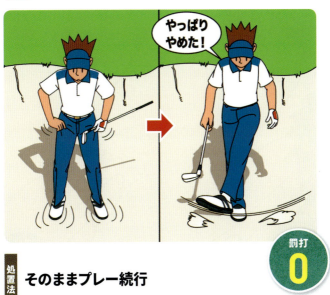

処置法 そのままプレー続行

罰打 0

スタンスをとり直すこと自体にペナルティーはなく、ボールのライや意図するスイングの区域の**改善**にならずに、単にコースを保護する目的で行った場合は、砂をならしても罰はない。ただし、再び同じ位置にスタンスをとり直すなど、明らかに砂の**テスト**またはライの改善を目的としたものであった場合は、ペナルティーの対象となるので要注意。

砂に埋まったボールを確認するため 少し砂を取り除いた

状況 バンカーの斜面を直撃したボールが砂にめり込んでしまったので、ボールが確認できるまで指で砂を少しほじった。

処置法 そのままプレー続行

罰打 0

このケースのように、ボールの位置が確認できないような場合は、ボールの一部が見える範囲内で砂を取り除くことが許されている。ただし、必要以上に砂を多く取り除いてショットしてしまうとライの**改善**とみなされ、2打のペナルティーとなる。万一、砂を多く取り除き過ぎた場合は、確認可能な限度まで砂を戻してからショットすればいい。

SCENE **10** | 頻度 ★★　　　バンカー

スタンスをとった後に
ボールが動いた

状況 スタンスを決め、バックスイングを開始しようとしたところ、突然ボールが動き出した。

処置法 ボールが止まったところから
プレー続行

罰打 0

通常、スイングは**スタンス**をとってからテークバックに入るので、構えたヘッドがボールに触れない限り、このケースでは風などの**自然の力**によってボールが動いたものと判断される。ただし、プレーヤーの行為によってボールが動いたことが事実上確実な場合は、1打のペナルティーを科したうえで、**リプレース**しなければならないことになる。

SCENE 11 | 頻度 ★★★

バンカー

ボールをドロップしたら 目玉になってしまった

状況 バンカーショットがOBになったので別のボールをドロップしたところ、目玉になってしまった。再ドロップは可能……？

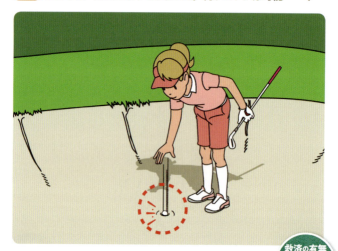

処置法 そのままプレー続行

救済の有無 無

その**ドロップ**が規則に適合したものであれば再ドロップはできず、そのままプレーするしかない。柔らかい砂が入った**バンカー**などではよく起こるケースだが、これを救済するルールはない。万一、目玉になりそうだからとボールを**プレース**したり、ひざの高さより低い位置からドロップしてショットしてしまうと、1打のペナルティーが科せられる。

SCENE 12 | 頻度 ★★　　バンカー

自分のボールを確認するため一方のボールを拾い上げた

状況 バンカーにボールが2つあり、番号が見えなかったので確認のためマークしてボールを拾い上げた。

処置法 確認後、ボールをリプレースしてプレーする

罰打 0

バンカーに限らず、そのままの状態では自分のボールか否かが確認できないような場合は、**マーク**したうえでボールを拾い上げることが認められている。ただし、拾い上げたボールは拭くことはできず（泥がついていて番号が見えない場合は、最低限度まで拭くことは可能）、拭いてしまうと1打のペナルティーが科せられる。

SCENE **13** | 頻度 ★★★　　　　バンカー

バンカー土手のボールにスタンスをとる際ヘッドが砂に触れた

状況　バンカーぎりぎりの芝の上に止まっているボールにスタンスをとったところ、クラブヘッドがバンカーの砂に触れてしまった。

処置法　**そのままプレー続行**

罰打 **0**

バンカーの土手やバンカー内であっても草が生えている部分は**ジェネラルエリア**の一部と見なされる。したがって、この部分にボールが止まっている場合は、**スタンス**をとった後やバックスイングでクラブヘッドが砂に触れても何ら問題はない。ただし、ボールの一部がわずかでも砂に触れている状況なら、2打のペナルティーが科せられる。

誤ってバンカー内の砂面に手をついてしまった

状況 バンカーに入ったボールをショットしようとして土手を降りたところ、滑って転び、バンカーの砂に手をついてしまった。

処置法 そのままプレー続行

罰打 0

このケースは不可抗力であり、プレーヤーに砂の**テスト**をしようとする意図はなかったとみなされるので、ペナルティーは科せられない。似たようなケースで、急な土手を降りるときにクラブを砂につけて支えにしたとしても、やはりペナルティーとはならない。ただし、手をついた結果、ボールを動かした場合は1打のペナルティーとなる。

SCENE 15 | 頻度 ★★　バンカー

バンカーショットをトップしたボールがバンカー土手に突き刺さった

状況 バンカーショットをミスし、打ったボールが土手に突き刺さった。アンプレヤブルにすればバンカー外からのプレーは可能か？

処置法 さらに1打ペナルティーを追加すればバンカー外からのプレーは可能

救済の有無 有

このケースでは「そのボールをプレーした前位置」が**バンカー**内のため、通常の**アンプレヤブル**ではバンカー外に**ドロップ**することはできない。しかし、バンカーでの特例として、さらに1打のペナルティーを加算すれば、「後方延長線上の基点」（➡右ページ）をバンカー外まで延長することが認められる。

バンカーでのアンプレヤブルの処置法

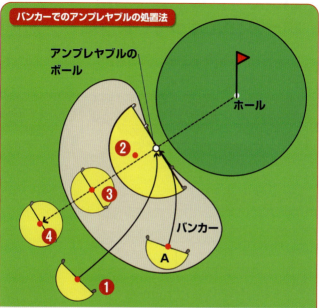

バンカーからのアンプレヤブルで下記❷、❸の処置を選択する場合、ドロップは必ずバンカー内でなければならない。したがって、左ページのように直前のストロークが行われた場所がバンカー内(図A)であった場合は、❶のバンカー外へのドロップはできないことになる。そこで、これを救済する特例として、さらに1打のペナルティーを加算することで(合計2打)❹のエリアにドロップすることが認められている。

❶そのボールを直前にプレーした地点。
❷ボールから2クラブレングス以内で、ホールに近づかないバンカー内。
❸ボールがある地点とホールとを結んだ後方延長線上のバンカー内にドロップし、ボールが最初に落ちた地点から1クラブレングス以内に止まった箇所。
❹❸の延長線をバンカー外まで伸ばしたライン上にドロップし、ボールが最初に落ちた地点から1クラブレングス以内に止まった箇所。

SCENE 16 | 頻度 ★★　バンカー

バンカー内の水溜まりにボールが止まってしまった

状況 昨夜の雨でできたバンカー内の水溜まりにボールが止まってしまった。

処置法 ニヤレストポイントを決め、そこから1クラブレングス以内のバンカー内にドロップする

救済の有無 有

バンカーでも、**一時的な水**によってプレーに障害が生じた場合は、無罰で上記の救済が受けられる。ただし、**ドロップ**エリアはあくまでもバンカー内が条件。このようなケースは、ともすると水溜まりを避けた箇所もぬかるんでいる場合が多いものだが、これを嫌ってボールを**プレース**してしまうとペナルティーとなるので要注意だ。

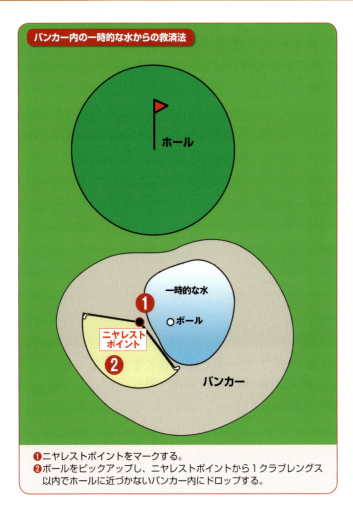

① ニヤレストポイントをマークする。
② ボールをピックアップし、ニヤレストポイントから１クラブレングス以内でホールに近づかないバンカー内にドロップする。

SCENE 17 | 頻度 ★　　バンカー

バンカーが満水で
ドロップするところがない

状況 大雨で満水になっているバンカーにボールが入ってしまった。こんな場合はバンカーの外にドロップは可能？

処置法 1打罰で、ボールとホールとを結んだ後方延長線上のバンカー外にドロップする

救済の有無 有

残念ながらこのケースでは無罰での救済措置を受けることはできないが、1打のペナルティーを払えば上記の処置をとることができる。**バンカー**内からの**アンプレヤブル**の特例と同じような処置法（➡P131）だが、このケースのペナルティーは2打ではなく1打。もちろんペナルティーが嫌ならそのまま打ってもよい。

SCENE 18 | 頻度 ★★　　　バンカー

他のプレーヤーのショットで ライが変わってしまった

状況 他のプレーヤーのバンカーショットで飛ばされた砂が、近くにあった自分のボールにかかり、ライが変わってしまった。

処置法 **マークしてボールを拾い上げ、砂を拭いてからリプレースする**

救済の有無 有

このように、他のプレーヤーによって自己の**インプレーのボール**のライが変えられた場合は、罰なしで上記の救済が受けられることになっている。ボールはあるがままでプレーするのがゴルフの原則だが、このように他のプレーヤーの行為によって引き起こされた現象に対しては、公正の理念にのっとり、元の状態を復元してプレーすることが認められている。

SCENE **19** | 頻度 ★★　　　　　　　　　　バンカー

他のプレーヤーのボールが
ショットの邪魔になる

状況 バンカー内に自分のボールと他のプレーヤーのボールがくっつくように止まっていて、ショットの邪魔になるのだが……。

処置法 ホールに近いほうのボールを
マークしてピックアップする

救済の有無 有

他のプレーヤーのボールがプレーの妨げとなるような場合は、罰なしに上記の処置がとれる。**ホール**に近いほうのプレーヤーが自分のボールを**マーク**して拾い上げ、片方のプレーヤーのショット後、ボールを**リプレース**してプレーする。万一、他のプレーヤーのショットでライが変えられた場合は、元のライを復元してリプレースすればいい。

ボールがグリーンに乗った後
練習スイングをした

状況 バンカーショットがグリーンにオン。だが、スイングに納得がいかなかったので、バンカーで2、3度練習スイングをした。

処置法 そのままプレー続行

罰打 0

このケースはペナルティーはない。というのも、ボールを打たない練習スイングは**ストローク**とはみなされないからだ。また、このケースではすでにボールは**バンカー**外にあるため、砂の**テスト**にも該当しない。バンカーでボールを打たない練習スイングは、いってみれば素振りと同じ。ボールがバンカーにない限り、いつでも行うことが可能だ。

SCENE 21 | 頻度 ★★　　バンカー

ホールアウト後バンカーで2、3球練習した

状況 自分のボールをホールアウトした後、後続組が来なかったので近くのバンカーで2、3球バンカーショットの練習をした。

罰打 2

処置法 そのままプレー続行

プレー中に許される練習は、プレーを終えたばかりの**グリーン**上で行うパッティング練習と、次の**ホール**のティーイングエリア付近でのパッティングやチッピング練習に限られており、**バンカー**での練習はすべて禁止されている。また、これら認められた練習であっても、**プレーの遅延**とならないことが条件となる。

PART 5
ペナルティーエリアでのルール

Penalty area

SCENE 01 | 頻度 ★★★

ペナルティーエリア

池ポチャしてしまった

状況 フェアウエーから打ったボールが、グリーン手前の池に入ってしまった。

処置法 **右ページのいずれかの地点にドロップする**

罰打 1

ボールが池などの**ペナルティーエリア**に入ってしまった場合は、1打のペナルティーを科したうえで上記の処置をとることができる（➡右ページ）。通常ペナルティーエリアは赤杭または黄杭で標示されているが、標示がなくても一時的なものでない水域やブッシュなど、コースによって指定された区域は、すべてペナルティーエリアとなる。

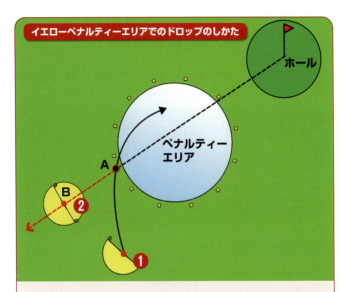

池に限らず黄杭で標示された区域（イエローペナルティーエリア）にボールが入ったことが確実である場合は、1打のペナルティーを科したうえで、下記の❶、❷の内のどちらかの地点にボールをドロップしてプレーすればよい（打てれば罰なしでのプレーも可）。

❶そのボールを直前にプレーした場所を基点としてホールに近づかない1クラブレングス以内のエリアにドロップする。
❷ボールがペナルティーエリアの縁を最後に横切ったと推定される地点（図A）と、ホールとを結んだラインの後方延長線上（距離の制限はない）にドロップし、ボールが最初に落ちた地点から1クラブレングス以内に止まった箇所からプレーする。

SCENE **02** | 頻度 ★★★　　ペナルティーエリア

ホールと平行に流れる川にボールが入ってしまった

状況 フェアウエーに沿ってホールの横を流れる川（赤杭で標示されている）にボールが入ってしまった。

処置法 **右ページの地点にドロップする**

罰打 **1**

コースに平行して流れている川やブッシュなど、赤杭で表示された区域（**レッドペナルティーエリア**）にボールが入った場合は、前ページの2つの処置（❶、❷）に加え、ラテラル救済として、1打のペナルティーを科したうえで、右ページのエリアにボールを**ドロップ**してプレーすることができることになっている。

レッドペナルティーエリアでのラテラル救済

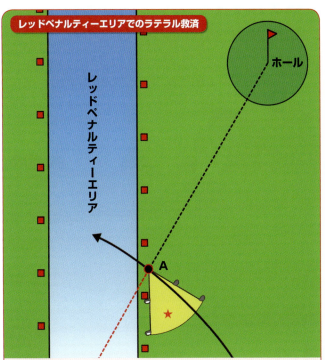

赤杭で標示された区域(レッドペナルティーエリア)にボールが入ったことが確実である場合は、1打のペナルティーを科したうえで、イエローペナルティーエリアの2つの処置(➡P141)に追加し、ラテラル救済として下記の地点(図★)にドロップしてプレーすることが認められている(打てれば罰なしでのプレーも可)。

★ボールがペナルティーエリアの縁を最後に横切ったと推定される地点(図A)から2クラブレングス以内で、ホールに近づかないエリア内にドロップする。

SCENE **03** | 頻度 ★　　　ペナルティーエリア

ペナルティーエリア内から打った
ボールが池に入ってしまった

状況 ボールはペナルティーエリア内だったが、十分打てるライだったのでプレーしたところ、トップして池に入ってしまった。

罰打 1

処置法 **次ページのエリアにドロップする**

ペナルティーエリアはプレー禁止区域ではないので、プレーすること自体は可能だ。このケースのようにペナルティーエリア内からプレーしたボールが、同じエリアか別のペナルティーエリアに入ってしまった場合には、1打のペナルティーを科して、右ページのいずれかの地点に**ドロップ**すればよい。

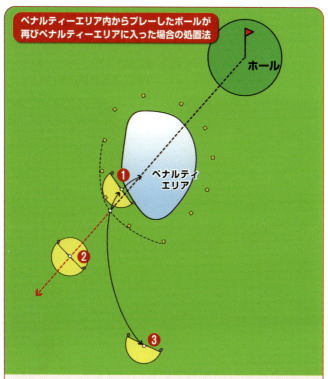

ペナルティーエリア内から打ったボールが池に入るなど、再びペナルティーエリアに留まり、そのままではプレーできなくなった場合の処置も基本的には通常のペナルティーエリアの処置❶、❷（➡P141）と同じだが、追加措置として、ペナルティーエリア外からプレーした前位置である❸からプレーすることも認められている。

❸そのペナルティーエリア外で、最後にストロークを行った地点からホールに近づかない、1クラブレングス以内にドロップする。

SCENE 04 | 頻度 ★

ペナルティーエリア

エリア内にドロップしたものの
スタンスが池にかかる位置だった

状況 ペナルティーエリア内の前位置にドロップしたが、スタンスで足が池にかかる位置だった。無罰で再度救済は受けられる？

処置法 そのまま打つか、右のページのエリアにドロップする

救済の有無 無

規定のエリア内に**ドロップ**されたのであれば、無罰での救済はない。かりにプレーできなくても、**ペナルティーエリア内からはアンプレヤブル**の措置はとれず、ペナルティーを払いたくなければそのまま打つしかない。ただし、さらに1打のペナルティーを科せば、右ページのエリアにドロップすることができる。

ドロップした地点からプレーしない場合の処置法

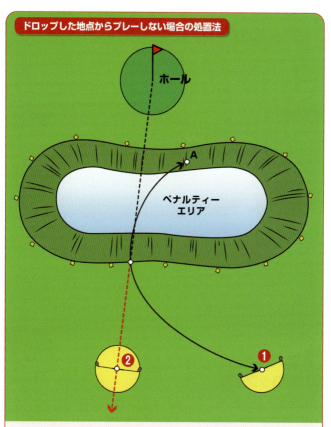

ボールをプレーした前位置がペナルティーエリアで（図A）、そこにボールをドロップするという選択をした結果、プレーしにくい状態になった場合は、さらに1打のペナルティーを加えれば（合計2打）、ペナルティーエリア外で通常の処置❶、❷（➡P141）をとることができる。

SCENE 05 | 頻度 ★

ペナルティーエリア

ペナルティーエリアから打った
ボールが OB になってしまった

状況 ペナルティーエリア内の斜面からプレーしたボールが OB になってしまった。次打はエリア外からプレーしたいのだが…。

罰打 2

処置法 前ページの❶か❷の地点にドロップする

OBや**紛失球**になった場合は、1打のペナルティーを科して前位置から打ち直さなければならず、本来は**ペナルティーエリア**内の前位置に**ドロップ**しなければならない。だが、このケースも146ページ同様、特例としてさらに1打のペナルティーを追加すれば、上記の処置がとれることになっている。

SCENE 06 | 頻度 ★

ペナルティーエリア

ペナルティーエリア内の土手に ボールがめり込んでしまった

状況 ショットしたボールは何とか池を越えたが、ペナルティーエリア内の土手の縁にくい込んでしまった。救済は受けられる？

救済の有無 無

処置法 ## ペナルティーエリアの処置をとる

ジェネラルエリアであれば、ショットの勢いでボールが地面にくい込んでしまった場合は罰なしに救済を受けることができる（➡P64）が、残念ながらこのケースでは受けられない。めり込んだボールをそのまま打つか、1打のペナルティーを科したうえで、**ペナルティーエリア**の処置（➡P141）をとるしかない。

SCENE 07 | 頻度 ★

ペナルティーエリア

ペナルティーエリアの標示がある林に入ったボールが見つからない

状況 黄杭で囲まれたエリア内の林に打ち込んだボールが見つからない。入ったことは他のプレーヤーも見ていたのだが……。

罰打 1

処置法 ペナルティーエリアの処置をとる

通常、林やブッシュといった場所は標示がなければ**ジェネラルエリア**となるため、ここに飛んだボールが見つからなければ**紛失球**として処置しなけらばならない。ただし、このケースは黄杭で囲まれた**ペナルティーエリア**であり、また、入ったことも明確なのでペナルティーエリアの処置（➡P141）をとればよい。

SCENE 08 | 頻度 ★★　　ペナルティーエリア

池に入ったかどうかはっきりしない

状況 真っすぐ池の方向に飛んだボールが見つからない。距離的にもピッタリなのでたぶん池に入ったと思うのだが……。

罰打 1

処置法 紛失球の処置をとる

ペナルティーエリアにボールが入ったかどうかは事実関係の問題であり、プレーヤー自身や**キャディー**、他のプレーヤーが目撃しているなど、事実上確実であることが条件となる。このケースのように「たぶん」ではペナルティーエリアの処置はとれず、ボールが見つからなければ**紛失球**として処置（➡P40）しなければならない。

SCENE 09 | 頻度 ★★ | ペナルティーエリア

1度グリーンオンしたボールが転がり戻って池に入った

状況 アプローチしたボールがぎりぎりにオン。ホッと胸をなでおろしているうち、傾斜で転がり戻って池の中へ……。

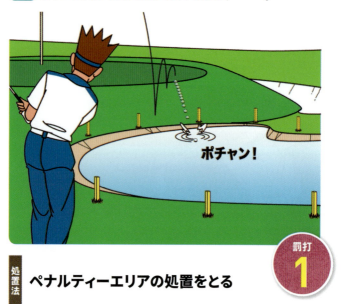

ポチャン！

罰打 1

処置法 ペナルティーエリアの処置をとる

状況はどうであれ池に入ってしまえば**ペナルティーエリア**の処置をとるしかない。このケースでよく間違えるのは、**ドロップ**地点を**グリーン**側にしてしまうこと。ボールが最後にペナルティーエリアの境界を横切ったのはグリーン側だが、ドロップはあくまでも「そのペナルティーエリアの後方」でなくてはならず、グリーン側は**誤所**となる（➡右ページ）。

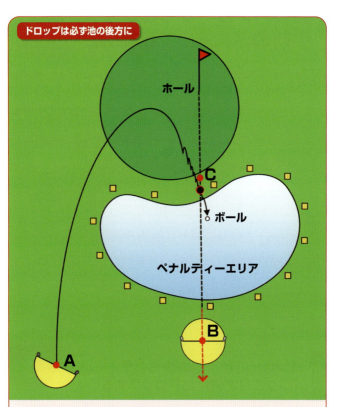

ペナルティーエリアにボールが入った場合、ドロップできるのは上図A（そのボールをプレーした前位置）もしくはB（ボールが最後にペナルティーエリアの境界を横切った地点とホールとを結んだ後方延長線上で、そのペナルティーエリアの後方の地点）の2つに限られる。Cのようにペナルティーエリアの前方にドロップしてプレーしてしまうと、誤所からのプレーとなるので要注意。

SCENE **10** | 頻度 ★★　　　　ペナルティーエリア

奥のバンカーから打ったボールが手前の池に入ってしまった

状況 グリーン奥のバンカーからのショットがホームランし、ボールはグリーン手前の池へ。ドロップはどこにすればいいのか？

処置法 バンカー内か、池の後方（ティーイングエリア側）にドロップする

罰打 1

再度**バンカー**ショットをしたくないのであれば、ボールが最後に**ペナルティーエリア**の境界を横切った地点と**ホール**とを結んだ後方延長線上で、ペナルティーエリアの後方の地点に**ドロップ**することになる。いくら打ったのが池を越えた地点であっても、ドロップはあくまでも池の後方でなくてはならないので、池越えのアプローチは避けられない。

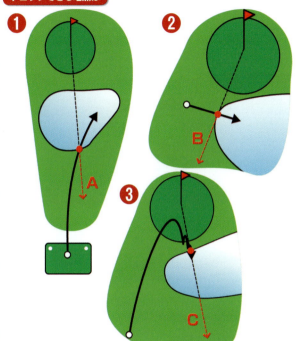

ドロップできる地点は

❶ティーショットが池に入った場合
　再度ティーイングエリアから打ち直すか、Aのライン上の基準のエリア内。
❷シャンクして池に入った場合
　ショットした前位置か、Bのライン上の基準のエリア内。
❸池を越えた地点から入った場合
　ショットした前位置か、Cのライン上の基準のエリア内。

※ドロップ位置は、いずれもホールに近づかない1クラブレングス以内のエリア。

SCENE 11 | 頻度 ★★　　ペナルティーエリア

ペナルティーエリアの標示杭を抜いて打った

状況 ボールはペナルティーエリアの外側に止まっていたが、標示杭がショットの妨げになったので、抜いてからショットした。

処置法 そのままプレー続行

罰打 0

ペナルティーエリアを標示する黄杭や赤杭は、ルール上**障害物**に該当するため、これらがショットの妨げになる場合は、いつでも抜くことが許されている。万一、これらの杭が地中深くくい込んでいて簡単に抜けない場合は、カート道路などと同様に動かせない**障害物**として扱い、無罰でその処置をとればいい（→P54）。

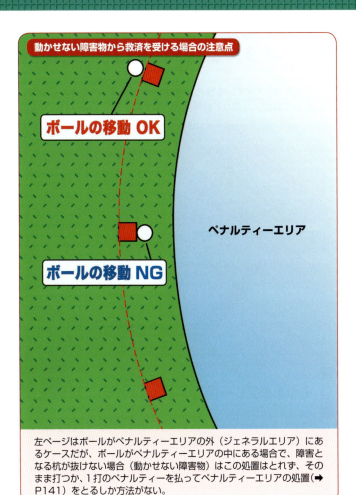

左ページはボールがペナルティーエリアの外（ジェネラルエリア）にあるケースだが、ボールがペナルティーエリアの中にある場合で、障害となる杭が抜けない場合（動かせない障害物）はこの処置はとれず、そのまま打つか、1打のペナルティーを払ってペナルティーエリアの処置（→P141）をとるしか方法がない。

SCENE **12** | 頻度 ★★　　　　　　　　　ペナルティーエリア

橋の上に止まったボールを
ジェネラルエリアにドロップした

状況 池に架かっている橋の上にボールが止まってしまったので、ペナルティーエリアの処置をとり、後方のラフにドロップした。

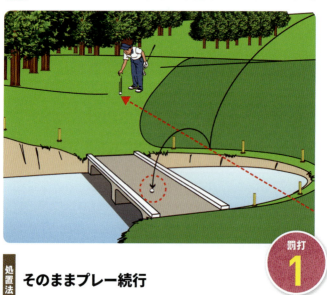

罰打 1

処置法 そのままプレー続行

ペナルティーエリアの区域は垂直に上下におよぶため、橋の上のボールはペナルティーエリア内のボールとなる。したがって、1打のペナルティーを払えば、このような処置は可能だ（そのまま打てば無罰）。ただし、**ドロップ**エリアを決定する基点はボールが止まっている地点ではなく、あくまでも「池を最後に横切った地点」でなければならない。

SCENE 13 | 頻度 ★★★　　ペナルティーエリア

枯れ葉を取り除いてから打った

状況 池の中のボールを打つ際、ボールの後ろに浮いている枯れ葉が邪魔だったので、取り除いてからショットした。

処置法 そのままプレー続行

罰打 **0**

ジェネラルエリアや**バンカー**同様、**コース**上の落ち葉や小枝や小石のような**ルースインペディメント**はいつでも取り除けるため、このケースもペナルティーはない。ただし、ボール前後のルースインペディメントを取り除く際、ボールを動かしてしまうと1打のペナルティーとなるので注意が必要だ。

SCENE 14 | 頻度 ★★　　　ペナルティーエリア

水中のボールを打つ際、ストローク前にヘッドが水面に触れた

状況 浅い池に入ったボールをそのまま打とうとしたところ、ストロークの前にクラブヘッドが水面についてしまった。

アッ！

処置法 そのままプレー続行

罰打 **0**

バンカーでは、**ストローク**前にクラブヘッドが砂に触れるとペナルティーとなるが（➡P116）、**ペナルティーエリア**ではプレーのしかた自体は**ジェネラルエリア**と変わりはない。構えたときにヘッドを水面にソールしても（水があるなしにかかわらず）、バックスイングでヘッドが水面に触れてもペナルティーはない。

SCENE 15 | 頻度 ★　　　ペナルティーエリア

水中で動いているボールを打ってしまった

状況 小川に入ったボールを打とうとした瞬間、ボールが動き出したが、スイングを止められずにそのまま打ってしまった。

処置法 **そのままプレー続行**

罰打 0

ペナルティーエリア内の川の中のボールをプレーする場合、水中で動いているボールを打っても罰はない。ただし、動いていることを知りながら、条件のいい地点にボールが来るまで待っていると、ライの**改善**と見なされて2打罰となる。なお、このようなボールに関しては、**誤球**してもペナルティーは科せられないことになっている。

SCENE 16 | 頻度 ★

ペナルティーエリア

川に入ったボールが流されて OBエリアに入ってしまった

状況 グリーン奥の小川に落ちたボールが、OBエリアに流されてしまった。入った地点はインバウンズだったのだが……。

処置法 **1打のペナルティーを加えて OBの処置をとる**

救済の有無 **無**

たとえ入った地点がインバウンズであっても、結果的に**OBエリア**へと入ってしまえばOBとして処置するしか方法はない。木に当たってOBになったケースとまったく同じだ。何か釈然としないと思うかもしれないが、逆にOBエリアの川に落ちたボールがインバウンズに流されてくれればセーフとなるわけだから、ルールはやはり公平だ。

SCENE 17 | 頻度 ★

ペナルティーエリア

池からあふれ出た水の中にボールが止まってしまった

状況 台風の影響で、池からあふれ出た水の中にボールが止まってしまった。

処置法 一時的な水からの救済処置をとる

救済の有無 有

このケースのように**ペナルティーエリア**の区域を越えてあふれ出た水は、**一時的な水**として扱われるため、ここにボールが止まった場合は、罰なしに救済が受けられる（➡P72）。ただし、単に池からあふれているだけではダメで、ペナルティーエリアを標示する杭を越えて出ているものに限定される。

SCENE 18 | 頻度 ★

ペナルティーエリア

プレー禁止区域に
ボールが入ってしまった

状況 ペナルティーエリア内にあるプレー禁止区域にボールが入ってしまった。打てる状況なのでプレーは可能か？

罰打 1

処置法 ペナルティーエリアの処置をとる

プレー禁止区域にあるボールはそのままではプレーできず、このケースでは1打のペナルティーを科したうえで、**ペナルティーエリア**の処置（➡P141）をとらなければならない。なお、プレー禁止区域でも**ジェネラルエリア**にある場合は、**修理地**や動かせない**障害物**と同じ救済が受けられる（➡P54）。

PART **6**

グリーンでのルール

Putting green

SCENE 01 | 頻度 ★★　　グリーン

カラーのボールを
マークして拾い上げた

状況 グリーンのカラーの部分に乗ったボールをマークして拾い上げ、キャディーに渡した。

罰打 1

処置法 **リプレースしてプレー**

グリーンに乗ったボールはいつでも**マーク**して拾い上げることができるが、カラー（エッジとも呼ばれる）の部分はグリーンではなく、**ジェネラルエリア**に含まれる。したがって、ルールで認められた場合を除き、ここにあるボールをピックアップしてしまうと、**インプレーのボール**を動かしたことになるため、上記のペナルティーが科せられる。

SCENE 02 | 頻度 ★　　　　グリーン

ボールがカラーとグリーンの境目にある落ち葉の上に止まっている

状況 落ち葉に乗るような形で、カラーとグリーンを跨ぐように止まっているボールをマークして拾い上げた。

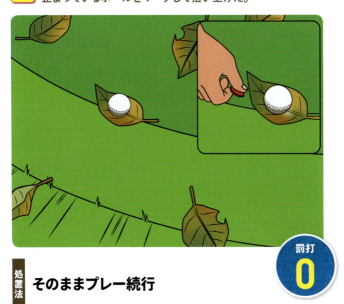

処置法 そのままプレー続行

罰打 0

このケースのように、ボールは直接**グリーン**面に触れてはいないが、グリーン上の**ルースインペディメント**の上にあるボールはグリーン上のボールとなるため、拾い上げは認められる。また、**ジェネラルエリア**とは異なり（➡P90）、グリーン上では、ボールを**リプレース**する前に落ち葉などのルースインペディメントを取り除くことも可能だ。

SCENE 03 | 頻度 ★★★　　　グリーン

ライン上の枯れ葉を取り除いた

状況 パッティングライン上に落ちていた枯れ葉を取り除いてから、パットした。

処置法 そのままプレー続行

罰打 0

ルースインペディメントは、いつでも取り除くことができるため、このケースは無罰。万一、取り除きに際してボールが動いても罰はなく、**動いたボール**は**リプレース**すればいい。ただし、パットしたボールが動いている間に、**キャディー**などに指示して**プレーの線**上のルースインペディメントを取り除かせると、2打のペナルティーが科せられる。

SCENE 04 | 頻度 ★★★　　　　　　　　　　　グリーン

ライン上のスパイクマークを直した

状況 パッティングライン上のスパイクマークが気になったので、パットの前にグリーンフォークで修復した。

処置法 そのままプレー続行

罰打 0

このケースは無罰となる。スパイクマークに限らず、ボールの落下によってできたピッチマークや古いホールの埋め跡、**動物**の足跡、**グリーン**面にくい込んでいる小石や木の実といった、人や**外的影響**によってできたグリーン面の損傷は、**プレーの遅延**とならなければ、いつでも修復することが可能だ。

SCENE **05** | 頻度 ★★　　　　　　　　　グリーン

エアレーションの穴が気になったのでパットの前に修復した

状況 パットしようとしたところ、ホール付近のエアレーションによってできた穴が気になったので、修復してからパットした。

罰打 2

処置法 そのままプレー続行

前ページのスパイクマークとは異なり、春先や秋口に行なわれる**グリーン管理**のために開けられたエアレーションの穴や、自然に生えた雑草、地面が露出した箇所といった部分の修復はルール上認められていない。これらを直してしまうと**プレーの線の改善**として上記のペナルティーが科せられるので要注意。

SCENE 06 | 頻度 ★★　　　グリーン

ライン上の砂を取り除いた

状況 パッティングライン上に、バンカーショットで飛ばされた砂があったので、パターヘッドで払いのけた。

処置法 そのままプレー続行

罰打 0

グリーン上にある砂やバラバラになった土は**ルースインペディメント**に該当するため、ペナルティーはない（ボールが動いている場合は取り除けないのも同様）。ただし、砂を払いのける過程で、パッティングライン上にクラブヘッドを強く押しつけたり、手で引っかいたりすると、**プレーの線の改善**とみなされ、2打罰となる。

SCENE 07 | 頻度 ★★　　グリーン

ライン上の朝露を
パターヘッドで払いのけた

状況 ライン上に残っている朝露がパットの邪魔になると思ったので、パターヘッドで水滴を払いのけた。

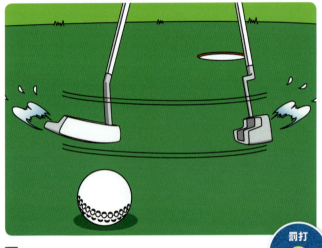

罰打 2

処置法 そのままプレー続行

ルール上、雪や水溜まり、天然の氷などは、プレーヤーの任意で**一時的な水**か、**ルースインペディメント**のどちらかとして扱うことが許されている。だが、早朝の**グリーン**などに残っている朝露や、冬場の霜などはこのどちらにも含まれない。したがって、このケースはライの**改善**とみなされ、上記のペナルティーとなってしまう。

SCENE 08 | 頻度 ★★★ グリーン

ボールの真横5〜6cmに マークして拾い上げた

状況 グリーンに乗ったボールをマークする際、ボールの真横5〜6cmの位置にマーカーを置いてボールをピックアップした。

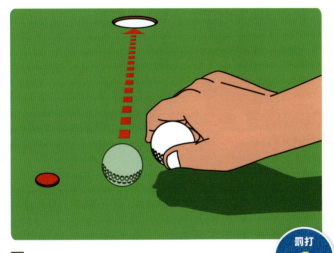

処置法 ボールをリプレースして再度マークし直す

罰打 1

グリーン上に限らずボールを拾い上げる場合は、必ず**ボールマーカー**かクラブを地面に置いて、その位置を**マーク**しなければならない。マークする位置は「ボールの直後やすぐ近く」が原則。このケースのように5cm以上離れた位置にマークすることは違反になるため、上記のペナルティーとなる。

SCENE 09 | 頻度 ★

`グリーン`

ボールマーカーを取り除かずにパットした

 状況 マークの位置にボールをリプレースしたが、急いでいたのでボールマーカーを取り除かずにパットしてしまった。

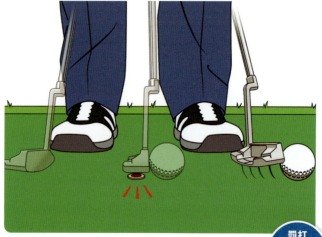

罰打 1

 処置法 そのままプレー続行

ボールを拾い上げる場合は、あらかじめその位置を**マーク**しなければならないが、ボールを**リプレース**した後は必ずマークした**ボールマーカー**を取り除いてからプレーしなければならない。いくら急いでいたとはいえ、ボールマーカーを置いたまま**ストローク**してしまうと上記のペナルティーとなる。

SCENE 10 | 頻度 ★★★　　　グリーン

指示していないのにキャディーが勝手にボールを拾い上げた

状況 ロングパットを外し、続けてタップインしようとしたところ、キャディーが勝手にボールをマークして拾い上げてしまった。

処置法 **そのままプレー続行**

罰打 0

キャディーといえども、**ジェネラルエリア**や**ペナルティーエリア**などの**グリーン以外**の場所ではプレーヤーの承認なく、**リプレース**を要求されるボールを拾い上げることはできない。しかし、ことグリーン上に限ってはプレーの遅延を防ぐ目的で、許可なしの拾い上げが認められており、ボールを拭くことも許されている。

SCENE 11 | 頻度 ★★ グリーン

マークする際うっかりボールを動かしてしまった

状況 グリーンに乗ったボールをマークするためコインを置こうとしたところ、うっかり指が当たってボールが少し動いてしまった。

罰打 0

処置法 リプレースする

グリーン上でボールを**マーク**しようとしたり、**リプレース**しようとしたときに、意図的でなく偶然にボールや**ボールマーカー**を動かしてしまったとしてもペナルティーはない。ただし、傾斜を知ろうとしてボールを転がすなど、グリーンの**テスト**と見なされる場合は2打のペナルティーが科せられる。

SCENE 12 | 頻度 ★★★　　　グリーン

ズラしておいたマークを戻さずにパットした

状況 他のプレーヤーのパットの邪魔にならないようにマークをズラしたことを忘れ、そこにリプレースしてパットしてしまった。

処置法 そのままプレー続行

罰打 2

マークが他のプレーヤーのパットの妨げになる場合、クラブヘッド1つぶん程度マークをズラしておくのはマナーの1つ。しかし、ズラしておいたのを忘れ、そのまま**リプレース**してパットしてしまうと、**誤所**からのプレーで上記のペナルティーとなる。ただし、この場合は再度リプレースする必要はなく、ホールアウトしたスコアに2打プラスすればいい。

177

SCENE 13 | 頻度 ★★

グリーン

パッティングライン上に水溜まりがある

状況 ボールとカップとの間のライン上に水溜まりがある。このままではストロークに影響が出そうなのだが……。

処置法 マークしてボールを拾い上げ、ペナルティーエリア以外のニヤレストポイントにプレースする

救済の有無 有

このような場合も、罰なしに救済が受けられるが、その処置のしかたは**ジェネラルエリア**とやや異なり、パッティングラインがその水溜まりを避けられる地点にボールをプレースすることで行う。なお、この場合、**ペナルティーエリア以外**であれば**完全な救済のニヤレストポイント**は**グリーン**上だけに限定されない（➡右ページ）。

プレース地点はグリーン上とは限らない

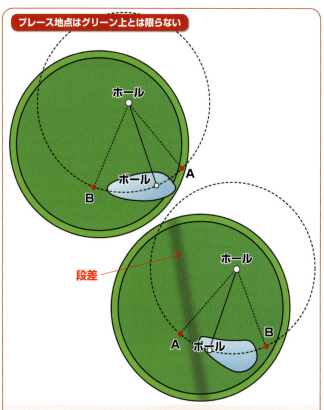

段差

グリーン上にある一時的な水から救済を受ける際のニヤレストポイントは、ペナルティーエリア以外であればどこでもよい。上図のA、Bはともにホールから等距離だが、ニヤレストポイントはあくまでもBではなくA。救済を受ける場合は、たとえ近くに段差があったとしても必ずAにプレースしなければならない（もちろん、そのままプレーしても可）。

SCENE 14 | 頻度 ★★　　グリーン

グリーン面を手でこすった

状況 カップ近くの芝目が気になったので、指先でグリーン面をこすって目の方向を確認した。

罰打 2

処置法 そのままプレー続行

昨今の**コース**はベント芝のワングリーンが多くなっているため、高麗芝のグリーンよりも芝目の影響は受けにくくなっているが、それでもこのように**グリーン**面を手でこする行為はグリーン面の**テスト**とみなされ、上記のペナルティーが科せられる。これ以外にも、芝目や傾斜を知る目的で、グリーン上でボールを転がした場合も同様の罰となる。

SCENE 15 | 頻度 ★★★

グリーン

ボールの汚れを グリーン面で拭いた

状況 バンカーからオンしたボールが砂だらけだったので、マークして拾い上げ、ボールに付いた砂をグリーン面でぬぐった。

処置法 そのままプレー続行

罰打 0

グリーン面の**テスト**という意図がなければペナルティーは科せられない。このケースのほかにも、雨の日のプレーなどでよく見かける光景だが、ルールには違反しなくても、エチケットの観点からはあまり感心しない行為といえる。また、何度もこのようなことを行うと、他のプレーヤーから「テストでは？」というクレームをつけられかねないので要注意。

SCENE 16 | 頻度 ★★ | グリーン

ラインを読む際に片手をグリーン面についた

状況 ロングパットのラインを読もうとしてかがんだところ、バランスを崩して片手をグリーンについてしまった。

処置法 そのままプレー続行

罰打 0

グリーン面をこすったり、引っかいたりすればグリーン面の**テスト**とみなされるが、このケースのようにうっかり手をついた程度ではペナルティーの対象とはならない。また、仮に手をついた場所が**プレーの線**上であったとしても、故意に触れたわけではないので、やはりペナルティーはない。

SCENE 17 | 頻度 ★★　　グリーン

マークしたボールをキャディーに転がして渡した

状況 ボールを拭いてもらおうと思い、マークして拾い上げたボールをグリーン上を転がしてキャディーに渡した。

処置法 そのままプレー続行

罰打 0

このケースは単にボールを拭いてもらう目的で、たまたま遠くにいた**キャディー**にボールを渡そうとして行った行為なので、特にペナルティーはつかない。ただし、グリーンの傾斜を知ろうという意図が少しでもあれば2打罰となる。このように第三者に「グリーン面の**テスト**では？」と疑われるような行為は、極力慎むようにすべきだろう。

SCENE 18 | 頻度 ★★　グリーン

グリーンに止まっていたボールが突然動き出した

状況 グリーン上のボールをマークしようとしたところ、突然動き出した。ボールには一切触れていなかったのだが……。

処置法
ボールが止まった地点からプレー続行

罰打 0

ボールが動いた原因が風か傾斜かはハッキリしないが、このケースは人為的な行為ではなく、**自然の力**が動かしたと判断できるため、誰にも罰はない。ボールが止まったところからプレーを続ければよい。斜面に止まっていたボールが動き出したり、池に落ちるといったケースと同様に考えればよい。

SCENE 19 | 頻度 ★★　　グリーン

リプレース後に突風が吹き
ボールが わずかに転がった

状況 グリーン上でボールをリプレースし、ボール後方からラインを読んでいたところ、風が吹いてボールが数cm転がった。

処置法 リプレースしてプレー続行

罰打 0

このケースも前ページ同様、風や雨といった**自然の力**がボールを動かしたと判断できるので誰にも罰はない。ただし、**グリーン上ですでにマーク**して拾い上げられていたボールを**リプレース**した場合は、ボールが止まったところからではなく、再度リプレースしてプレーしなければならないので注意が必要だ。

SCENE 20 | 頻度 ★★★　グリーン

ラインをまたぐようなスタイルでパットした

状況 ボールをタップインしようとしたが、他のプレーヤーのラインを踏みそうだったので、自分のラインをまたいでパットした。

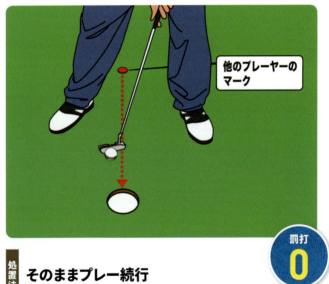

他のプレーヤーのマーク

処置法 そのままプレー続行

罰打 0

通常**グリーン**上では、**プレーの線**を踏んだりまたぐような**スタンス**で**ストローク**することは禁じられているが、このケースのように他のプレーヤーのパッティングラインを避けるためや、単純に不注意によって行った場合はペナルティーは科せられない。ただし、そうはいっても両足を開いて股の間で打つ、クロッケースタイルでのパットは完全に違反だ。

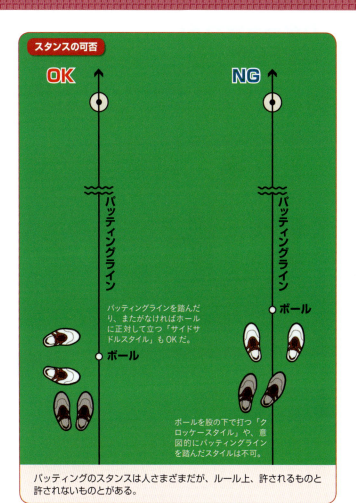

SCENE 21 頻度 ★★ グリーン

パターを使わずにアイアンでパットした

状況 エッジからのショットがあわやチップイン！ バーディを逃した悔しさから、持っていたアイアンでボールをタップインした。

罰打 0

処置法 そのままプレー続行

ジェネラルルールでは、どのクラブをどこで使えという決まりはない。したがって、**グリーン**上でパター以外のクラブでパットしても、ルール上違反とはならない。しかし、どこのコースもグリーン保護の目的でローカルルールを設け、グリーン上でのパターの使用を義務づけているのが一般的なので、通常のプレーでは使用禁止と考えたほうがいい。

SCENE **22** | 頻度 ★★　　　　　　　　　　グリーン

カラーから打ったボールが
カップと旗竿の間にはさまった

状況 カラーからランニングアプローチしたボールが、カップと旗竿の間にはさまり、ボール上部が顔を出す形で止まった。

処置法 **ホールインが認められる**

罰打 **0**

そのボールをプレーした地点が**グリーン**上か否かにかかわらず、ボールが**旗竿**に寄りかかって止まった場合、ボールが一部でもグリーン面より下にあればホールインは有効となる。万一、そうでない場合はホールインは無効で、ホールのふちにボールを**リプレース**してプレーしなければならない。

SCENE **23** | 頻度 ★★　　　　　　　　　グリーン

パットしたボールが旗竿に当たってホールに入った

状況 まさか入らないだろうと思って打ったロングパットが一直線にカップへ。立てたままの旗竿に当たって、見事カップインした。

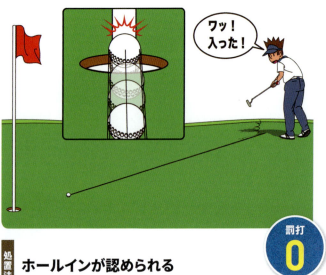

処置法 **ホールインが認められる**

罰打 **0**

グリーン上からに限らず、プレーの際ホールに**旗竿**を立てたままにするか抜くかはプレーヤーの自由な判断に任されており、万一、立てたままにした旗竿にボールが当たってもペナルティーとはならない。このケースのように、入らないだろうと思っていたボールがホールに入れば、ホールインは有効となる。

SCENE 24 | 頻度 ★★ | グリーン

ロングパットを打った後、キャディーに旗竿を取り除かせた

状況 旗竿の取り除きを依頼したキャディーがよそ見をしているうちにパットしてしまい、あわてて声をかけて取り除かせた。

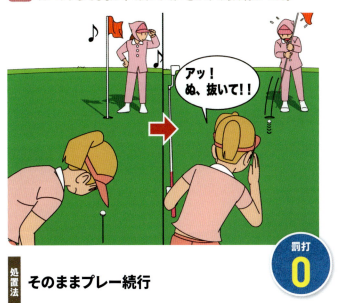

罰打 0

処置法 そのままプレー続行

旗竿の取り除きや付き添いは、プレーヤーが承認すれば**キャディー**だけでなく、他のプレーヤーでも可能。このケースは、付き添いを了承したキャディーが行った行為であるためペナルティーはない。ただし、旗竿を立てたままでのプレーを選択した後、プレーヤーの承認なくキャディーが取り除いた場合は2打罰となる。

ホールの先に置いておいた旗竿に当たってボールが止まった

状況 速い下りラインだったので、オーバーしてバンカーに入るのを防ぐために置いた旗竿にボールが当たって止まった。

処置法 そのストロークを取り消しリプレースしてプレー続行

罰打 2

このケースのように、バンカーに入るのを防ぐための**旗竿**の移動は意図的な行為とみなされるため、上記のペナルティーが科せられたうえで打ったパットは取り消し（スコアはカウントされない）、ボールを**リプレース**して再プレーとなる。もちろん、当たらなければペナルティーはなく、そのままプレー続行となる。

SCENE 26 | 頻度 ★★

グリーン

片手に旗竿を持ったまま パットした

状況 ピンそば5cmに止まったボールを、抜いた旗竿を持ったまま片手でタップインした。

処置法 **そのままプレー続行**

罰打 **0**

ボールをかき寄せたり押し出したりせず、また、**プレーの線**を踏むことなく、正しい**ストローク**を行ったのであれば、**旗竿**を持ったままパットしてもルールには抵触しない。**プレーの遅延**を防ぐためにはいいことだが、どんなに短くても1打は1打。最後まで気を抜かないように注意して行おう。

SCENE 27 | 頻度 ★★　　グリーン

パットしたボールが他の プレーヤーのボールに当たった

状況 当たるはずがないと思ってパットしたボールが、マークせずに置いてあった他のプレーヤーのボールに当たってしまった。

あ、当たっちゃった！

罰打 2

処置法 ボールが止まったところからプレー続行

このように2つのボールが**グリーン**上にあるケースで、パットしたボールが止まっているボールに当たった場合は、当てたほうのプレーヤーに2打のペナルティーが科せられ、ボールが止まったところから次のパットを行うことになる。当てられたプレーヤーには罰はなく、**動いたボール**は**リプレース**してプレーすればいい。

ボールが当たった場合の対処法

❶グリーン外から打ったボールが、グリーン上のボールに当たった場合
どちらにも罰はなく、当てたボールは止まったところから、当てられたボールはリプレースしてプレーする。

❷グリーン上から同時に打ったボールが当たった場合
打順に関係なく、どちらにもペナルティーはない。両者ともそのストロークを取り消し、正しい打順で再プレーする。

❸パットしたボールが2つ以上のボールに連続して当たった場合
パットしたボールが、グリーン上に止まっている複数のボールに連続して当たっても、ペナルティーは2打まで（処置は❶と同じ）。

SCENE 28 | 頻度 ★　　グリーン

他のプレーヤーのボールに当たってホールインした

状況 寄せておこうとして打ったロングパットが、カップの近くに止まっていた他のプレーヤーのボールに当たってホールインした。

処置法 **ホールインが認められる**

罰打 **2**

当たったボールがホールインしてしまった場合は、ホールイン自体は有効で、その**ストローク**でホールアウトしたものとみなされる。しかし、ボールを当てたことに対する2打のペナルティーは免れない。なお、前ページの❷のケースで、どちらかのボールがホールインしたとしても、それは取り消しで両者とも**リプレース**のうえ、再プレーとなる。

ホールインしたボールの対処法

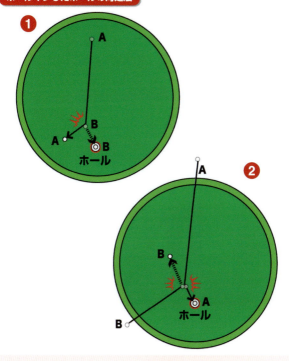

❶当てられたボールがホールインした場合
左ページのケースで、逆に当てられたほうのボールがホールインしてもそれは認められず、リプレースとなる。

❷お互いにグリーン外からアプローチしたボールがグリーン上で当たり、片方がホールインした場合
どちらにも罰はなく、両者ともボールが止まったところからプレー続行(ホールインは有効)。

SCENE 29 | 頻度 ★★　　グリーン

キャディーに傘をささせたまま パットした

状況 急に雨脚が強くなってきたので、キャディーに傘をさしてもらったままパットした。

罰打 2

処置法 そのままプレー続行

プレーの決断に関して**キャディー**から援助を受けるのは問題ないが、**ストローク**に際して物理的援助や、風雨などからの防護を受けると上記のペナルティーが科せられる。つまり、パットを打つ前まではOKだが、そのまま打ってはダメということ。なお、きちんとしたストロークさえできれば、片手で傘を持ったまま、片手でパットしてもOKだ。

SCENE 30 | 頻度 ★★★　グリーン

キャディーの指示で足を目印にパットした

状況 ピンを持って立つキャディーから「私の左足ねらいで打ってください」とアドバイスされたので、足を目印にパットした。

処置法 そのままプレー続行

罰打 2

キャディーのアドバイスなくしてなかなかハッキリとラインを読むのは難しいもの。しかし、このパッティングラインの指示はストローク前にのみ可能であり、また、目印となるようなものを置くことは禁じられている。このケースの「キャディーの足」は目印を置いたのと同じとみなされるため、上記のペナルティーとなる。

SCENE 31 | 頻度 ★★　　グリーン

スタンス後、後方からキャディーにラインを読んでもらった

状況 ラインがはっきりしなかったので、スタンスをとった後で後方からキャディーにラインを聞いてパットした。

処置法 そのままプレー続行

罰打 2

キャディーからはラインの指示といった**アドバイス**を受けることは可能だが、プレーヤーが**スタンス**をとり始めてから**ストローク**するまでの間に、**プレーの線**の後方延長線上やその近くに立つことは禁止されている。ラインのアドバイスをキャディーから受けたい場合は、スタンスをとる前に受けることが大切だ。

SCENE 32 | 頻度 ★★　　　グリーン

他のホールのグリーンに
ボールが乗ってしまった

状況 ショットしたボールが大きくスライスし、隣接するホールのグリーンに乗ってしまった。

処置法 グリーン外のニヤレストポイントから1クラブレングス以内でホールに近づかない地点にドロップする

救済の有無　有

現にプレーしている**ホール**以外の**グリーン**に止まったボールはプレーすることができない代わりに、罰なしに上記の処置をとることが許されている。**ドロップ**エリアはそのグリーンを避けられる**ジェネラルエリア**に限られる。万一、そのままグリーン上からプレーしてしまうと2打罰となるので要注意。

SCENE 33 | 頻度 ★★★　グリーン

10cm前後のパットをOKとしてボールを拾い上げた

状況 他のプレーヤーから「OK」と声がかかったので、残り10cm前後のショートパットを省略してボールを拾い上げた。

罰打 1

処置法 ボールをリプレースしてホールアウトする

OK（正しくはコンシード）は**マッチプレー**にのみ許されたルールであり、**ストロークプレー**ではどんなに短くても、最後までホールアウトしなければならない（**最大スコア**採用時を除く）。このケースではボールを拾い上げてしまったので、1打の罰を加えて上記の処置をとる必要がある（次のホールのティーショットを打ってしまうと競技失格）。

ホールの縁に止まったボールを
20秒以上見守った

状況 バーディパットがほんの僅かにショート。悔しい気持ちを抑えられず、ホールのふちのボールを20秒近く見守った。

処置法 **そのままプレー続行**

罰打 **1**

このような場合、プレーヤーに認められているのは、通常の歩行で**ホール**に歩み寄る時間に加えて、様子を見る時間としての10秒間だけ。10秒を経過した後にボールが落ち込んだ場合は、ホールインは有効だが1打のペナルティーが科せられる。このケースのように20秒以上も待ち続けたとなると、**プレーの遅延**として上記の罰は免れない。

SCENE 35 | 頻度 ★　　グリーン

パットが決まらなくなったので腕にグリップを着けてパットした

状況 ラインを外すことが多かったので、グリップが左上腕部に当たるようにかがみ込み、右手でシャフトを握ってパットした。

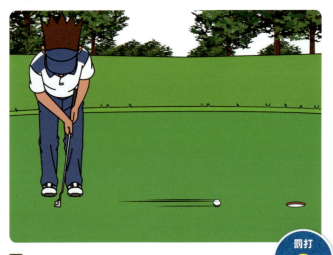

処置法 そのままプレー続行

罰打 0

パットに限らず**ストローク**を行う場合は、クラブを体に固定して支点をつくる（アンカリング）ような形で行ってはならないことになっている。しかし、シャフトを持つこと自体に問題はなく、このケースのように腕自体が体に密着して固定されていなければ、アンカリング違反とはならない。

パッティングスタイルの良否

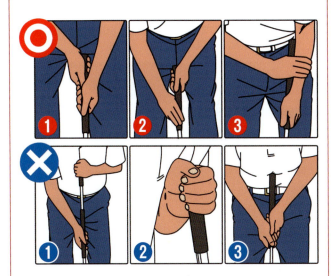

OK
① 左右の手を上下逆に握る（クロスハンドスタイル）。
② グリップエンドを握った左手の位置を支点とした「振り子運動」でストロークしても、左手が体に固定されていなければOK。
③ 前ページのイラストの変形で、グリップを沿わせた左上腕部を右手で包み込むように握る。

NG
① グリップエンドを握った手を胸につけ、体に固定する。
② グリップは直接体についていないが、脇を締めて前腕部を固定し、間接的にアンカーポイントを作る。
③ クラブを極端に短く握り、グリップエンドをお腹に当てて固定する。

グリーン上のボールに後続組のボールが当たった

状況 マークせずに置いてあったボールに、後続組が打ち込んできたボールが当たってしまった。

処置法 リプレースしてプレー

罰打 0

このように**外的影響**によってボールが動かされた場合は、罰なしに上記の処置をとればよい。また、パットして動いているボールに後続組のボールが衝突した場合は、罰なしにその**ストローク**を取り消し、再プレーとなる。万一、当てられたボールが池や崖下などに落ちてすぐに取り返せない場合は、別のボールに取り替えることも可能だ。

PART **7**

その他のルール

Other rules

SCENE 01 | 頻度 ★★★ その他のルール

15本のクラブを持って ラウンドした

状況 練習のとき使った予備のドライバーをバッグに入れたのを忘れ、15本のクラブで1番ホールをプレーしてしまった。

アリャ！1本多い

罰打 2

処置法 超過クラブの不使用を宣言してプレー続行

ラウンド中に使用できるクラブの本数は14本以内と決められており、15本以上のクラブを持ってスタートすると、1**ホール**について2打のペナルティーが科せられる（ただし、1ラウンド中4打罰までが限度）。このケースは1番ホールを終了した時点で気づいたので、ペナルティーは2打。なお、気づいたのに不使用宣言をしないと競技失格となる。

SCENE **02** | 頻度 ★★　　　　　　　　　その他のルール

キャディーが渡し間違えたクラブで打ってしまった

状況 ティーショットを打った後、キャディーから渡されたクラブが他のプレーヤーのものであったことに気づいた。

処置法 そのクラブの不使用を宣言してプレー続行

罰打 **2**

キャディーとプレーヤーは一心同体であり、その責任はプレーヤーが負わなければならない。このケースのように、あきらかにキャディーのミスであったとしても、他のプレーヤーのクラブを使ってしまえば前ページ同様、上記のペナルティーとなる。もちろん、使う前に気づけばペナルティーにはならない。

SCENE 03 | 頻度 ★　　その他のルール

クラブを忘れてしまったので他のプレーヤーから借りてしまった

状況 クリークを忘れたので池越えのショットの際、他のプレーヤーから借りて打った。規定本数は越えていなかったが……。

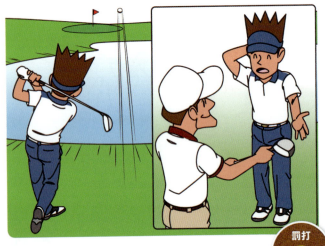

罰打 2

処置法 そのクラブの不使用を宣言してプレー続行

規定の14本以内であっても、ラウンド中に他のプレーヤーのクラブを使うことは許されない。このケースは1度使った後にルール違反に気づいたと思われるので、その**ホール**のスコアに2打罰を加算すればよい（数ホール使っても4打罰が限度だが、気づいたのに不使用を宣言しないと競技失格となってしまうので注意）。

SCENE 04 | 頻度 ★　　　その他のルール

シャフトが曲がってしまったので予備のクラブに交換したい

状況 ミスショットで木にクラブが当たり、シャフトが曲がってしまった。できれば予備のクラブに交換したいのだが……。

処置法 そのまま使うことも取り替えも OK

救済の有無　有

このケースのように、誤ってクラブが樹木などに当たり、シャフトが曲がってしまったような場合は、プレーの遅延とならない限り、罰なしに予備のクラブと交換することが可能。もちろん、修理したり、そのままの使用もOKだ。ただし、故意に地面に叩きつけるといったように、意図的に乱暴に扱った場合は救済されないので要注意。

SCENE 05 | 頻度 ★★　その他のルール

貼ってあったバランス鉛（なまり）を
ラウンド中にはがした

状況　クラブが重く感じたので、5番ホールのティーショットを打つ前にヘッドに貼ってあったバランス鉛をはがしてから打った。

罰打　競技失格

処置法　**ラウンドは無効**

クラブにバランス鉛を貼るといったクラブの調整は、ラウンド前にやっておくぶんには何ら問題ないが、スタート後にクラブの性能を変更させてしまうと、競技失格という厳しい罰となる。ただし、貼ってあった鉛がラウンド中、偶然取れてしまったという場合は罰はなく、そのままの状態でプレーしても、元のように貼り直してもOKだ。

SCENE 06 | 頻度 ★★★

その他のルール

ラウンド中に他のプレーヤーから打ち方を教わった

状況 ミスショットが続いたので、他のプレーヤーにアイアンの打ち方を教わった。

処置法 そのままプレー続行

罰打 2（両者とも）

これは完全な**アドバイス**違反。聞いたほうも、教えたほうも2打のペナルティーが科せられる。他のプレーヤーに聞けるのは、ピンの方向やバンカーの位置など公知の事実だけであり、ボールの打ち方やプレーの方法などを尋ねると上記のペナルティーとなる（相手が答えなければ無罰。➡P74）。ただし、自分の**キャディー**にはアドバイスを求めてもOK。

SCENE 07 | 頻度 ★★★　その他のルール

聞いてもいないのにスイングの間違いを指摘された

状況 フェアウエーを歩いているとき、さっきのミスショットの原因について他のプレーヤーが勝手にアドバイスしてきた。

下半身の開きが早いね

処置法 そのままプレー続行

罰打 2（教えた人に）

「いらぬお節介」とはこのことで、仮にその言葉が耳に入ってしまったとしても、**アドバイス**されたほうには罰はなく、アドバイスしたプレーヤーに2打のペナルティーが科せられる。「教え魔」などと呼ばれるゴルファーは多々いるが、ラウンド中にこうしたアドバイスを行うと、とんだ罰を食うことになる。

SCENE **08** | 頻度 ★　　　　　　　　　その他のルール

ラウンド中、グリーンまでの距離が表示される**スコープを使用**した

状況 フェアウエーで前の組のプレーを待っている間に、計測器を使ってグリーンまでの残り距離を調べた。

罰打
0

処置法 そのままプレー続行

このケースのように、目標までの距離や方向を知るためであれば、双眼鏡等の計測器を使うことは許されている。ただし、風速を計測したり、**グリーン**の高低差やラインなどの情報を表示するような機器の使用は禁止されており、違反すると2打のペナルティー（2度以上は競技失格）となるので要注意だ。

SCENE **09** | 頻度 ★

その他のルール

ティーイングエリアで補助用具を使って練習スイングした

状況 スイングが速くなっているように思えたので、クラブにドーナツ型の練習用ウエイトをつけて練習スイングした。

罰打 2

処置法 そのままプレー続行

このようなゴルフ用の練習器具の使用は、ラウンド前や後であれば問題ない。しかし、ラウンド中に使用すると上記のペナルティーが科せられる（その後再び使用すると競技失格）。ただし、ゴムチューブなど単にストレッチのために使用する用具を競技中に使ってもペナルティーの対象とはならない。

SCENE 10 | 頻度 ★

その他のルール

ボールが固く感じたので保温剤に包んで温めてから使用した

状況 冬場のプレーで、いつもよりボールの反発が悪いように感じたので、保温剤に包んで温めてからティーショットした。

処置法 ラウンドは無効

罰打 競技失格

ラウンドに使用するボールは、ルールに適合したものでなければならない。一般的に市販されているメーカーのボールをそのまま使うのであればまず問題ないが、このケースのように器具や保温剤などを使ってボールの性能や特性を故意に変えるようなことをすると競技失格となるので注意したい。

SCENE 11 | 頻度 ★★　　その他のルール

実際より少ない打数を記入してスコアカードを提出した

状況 慌ててスコアカードを提出した後で、10番ホールのスコアが実際より1打少なかったことに気づいた。

アッ！10番はパーじゃなくボギーだった！

罰打 競技失格

処置法 ラウンドは無効

スコアカードの提出は、プレーの結果を自己申告することで、意図的でなくても「過少申告」に対しては、競技失格という厳しい罰となる。ただし、プレーヤーがある**ホール**のプレーに罰が科せられるのを知らずに（罰打を加えずに）スコアを提出してしまった場合は失格とはならず、その罰打を追加して訂正すればよい。

SCENE 12 | 頻度 ★★　　その他のルール

実際より多い打数を記入して スコアカードを提出した

状況 スコアカードを提出した後、誤って7番ホールのスコアを1打多く記入していたことを他のプレーヤーから指摘された。

処置法 提出したスコアが採用される

罰打 0

前ページとは逆に、各**ホール**のスコアを実際より多く記入して提出した場合は、そのままのスコアが採用される。この過大申告はプレーヤーを有利にする要素はまったくないので、特にペナルティーはない。ともあれ、**スコアカード**の提出にあたっては、プレーヤー同士お互いのスコアをしっかりと確認してから提出することが大切だ。

SCENE **13** | 頻度 ★★　　　　　　　　　その他のルール

サインを忘れてスコアカードを提出した

状況 スコアのチェックに気をとられ、プレーヤーの署名欄にサインをするのを忘れてカードを提出してしまった。

処置法 **ラウンドは無効**

罰打 **競技失格**

プレーヤーはプレー終了後、各**ホール**のスコアをチェックした後、**マーカー**から**アテスト**のサインをもらい、自分も**アプルーブ**のサインをしたうえで速やかに**スコアカード**を提出しなければならない。通常のプレーではプレーヤー同士がお互いのマーカーを兼ねるが、このアテスト、アプルーブのいずれのサインが抜けていても競技失格となる。

PART 8

ルールの
キーワード

Keyword

ルールのキーワード ▶▶ ア行

用語の意味を知れば、ルールはやさしい

ゴルフルールをマスターする近道は、何といっても用語の意味を正確に理解すること。これさえできていれば条文をすべて覚えなくても、状況に応じた判断は十分可能だ。そこで、この章ではルールで規定された用語の定義に加え、付随するいくつかのゴルフ用語を紹介してみた。本文の解説文中、太文字で表記されている用語を50音順で紹介してあるので、迷ったときには何度でも参照してほしい。

ア行

アウトオブバウンズ

「アウトオブバウンズ（out of bounds）」とは、プレー禁止区域のこと。いわゆるOBの正式名称で、ここに入ったボールはプレーすることができず、1打のペナルティーを加えてそのボールをプレーした前位置から打ち直しとなる（→ P36）。

　このOBエリアは白杭などの境界物もしくは白線で明確に標示されており、その境界線は、隣り合った杭と杭との内側（コース側）を結んだライン（白線の場合は、その線自体）にボールの一部がかかっているか否かで判定される。ちなみに、このアウトオブバウンズに対して、プレー可能な区域エリアをインバウンズと呼ぶことがあるが、これはコースと同義語。

OBエリアを示す白杭（点線の左側がOBエリア）。

アテスト

「アテスト」とは、スコアに誤りがないことを証明するマーカー（➡P248）のサインのこと。競技終了後は、必ず自分のマーカーからこのサインをもらい、自分もアプルーブのサインをしてスコアカードを提出しなければならない。この2つのサインのいずれかが抜けていても競技失格となる。

アドバイス

「アドバイス」とは、プレーの方法や決断、またクラブ選択などに影響を与えるような助言をいう。通常のストロークプレーでは、このアドバイスが受けられるのは、自分のキャディーのみ。他のプレーヤーなどからアドバイスを受けたり、逆にアドバイスを行うと2打のペナルティーが科せられる（➡P74）。

なお、グリーンの方向やバンカーの位置など、周知の事実について教えることはアドバイスにはあたらない。

アプルーブ

「アプルーブ」とは、自分のスコアに誤りがないことを証明する競技者自身のサインのこと。マーカーからもらうアテストのサインと、このアプルーブのサインを記入せずにスコアを提出してしまうと競技失格となる（➡P220）。

スコアやアプルーブのサインは正しく記入しなければならない。

アンプレヤブル

「アンプレヤブル」とは、プレーが不可能と判断したときに行う宣言のこと。アンプレヤブルは、ボールがペナルティーエリア以外の場所にあるときなら、プレーヤー自身の判断でいつでも宣言することができる。

アンプレヤブルを宣言した場合、その後の処置として1打のペナルティーを加えて、以下の3つの処置のいずれかを選択することができる。

❶そのボールをプレーした前位置に戻って再プレーする(前位置がティーイングエリアの場合はティーアップ可。また、ジェネラルエリアやバンカー、ペナルティーエリアの場合はドロップ、グリーン上の場合はプレース)。
❷ボールの止まっている地点とホールを結んだ線上で、そのボールの後方延長線上(距離に制限はない)にドロップし、ボールが最初に落ちた地点から1クラブレングス以内に止まった箇所からプレーする。
❸ボールが止まっている地点から2クラブレングス以内で、ホールに近づかない地点にボールをドロップしてプレーする。

バンカー内から通常のアンプレヤブルを選択し、上記②、③の処置を選ぶ場合は、ドロップは必ずバンカー内に行わなければならないが、1打の罰を追加すれば、②の後方延長線をバンカー外まで伸ばすことができる。

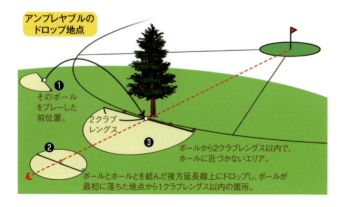

ルールのキーワード ▶▶ **ア**行

異常なコース状態

　「異常なコース状態」とは、❶動物の穴、❷修理地、❸動かせない障害物、❹一時的な水の４つの状態をいい、ペナルティーエリアを除き、この状態の中にボールがあったり、スタンスがかかるなどプレーに障害が生じた場合は、罰なしに救済が受けられる。

一時的な水

　「一時的な水」とは、ペナルティーエリア外のコース上に、雨や散水によってできた水溜まりや、池や川などからあふれ出た水をいう。「カジュアルウォーター」とも呼ばれるが、一見して水が見えなくても、通常にスタンスをとったときに水がしみ出てくればこれに該当し、異常なコース状態（➡ P72）の１つとして、罰なしに救済が受けられる。

　ただし、単に地面がぬかるんでいるとか、スタンスをとったとき瞬間的に水が見えると言った状態は一時的な水の条件とはならず、露や霜もこれに含まれない。

　なお、雪と自然の氷はプレーヤーの任意で「一時的な水」か「ルースインペディメント」（➡ P108）のどちらかとして扱えばよい（人造の氷は「障害物」に該当）。

一般の罰

　「一般の罰」とは、マッチプレーでは「そのホールの負け」、ストロークプレーでは「２打の罰」を指す。

インプレーのボール

　「インプレーのボール」とは、そのホールでプレーしているボールのこと。ティーショットを打ってから、そのホールをホールアウトするまでがインプレーであり、ルールで認められた場合を除き、この状態にあるボールは"あるがままの状態"でプレーしなければならない。

ルールのキーワード ▶▶ ア行

動いた（ボール）

「動いた（ボール）」とは、止まっていたボールが、その位置から別の位置（水平だけでなく、上下どの方向にも）に移動したことが視認できる場合をいう。

なお、クラブヘッドがボールに触れてボールが揺れても、元の位置に戻れば動いたボールとはならない。

OK（オッケー）

「OK」とは、相手が次のストロークでホールアウトするのが確実である場合に、パットの省略を認める言葉。正しくは「コンシードする」というが、この省略はマッチプレーにおいてのみ認められたルール。通常のストロークプレーではパットの省略は認められておらず（最大スコア採用時を除く）、必ず最後までホールアウトしなければならない（➡ P202）。

OB（オービー）

「OB」とは、「out of bounds」の略称。アウトオブバウンズと同義（➡ P222）。

オナー

「オナー」とは、そのホールの第1打を最初に打つ人のことで「栄誉」または「敬意」という意味を表す尊称。スタートホールの場合は、くじ引きやジャンケンなどでオナーを決め、2ホール目からは前ホールのスコアが最もよかった人がオナーとなる。

オブザーバー

「オブザーバー」とは、審判員を補佐し、プレーヤーにルール違反があればそれを審判員に報告する役目の人をいう。一般のプレーではあまりつくことはない。

カ行

改善

「改善」とは、プレーヤーが自分の（または同じ組の）プレーが有利になるように、物理的に状態を変える行為をいう。たとえば、プレーの線上にある木の枝を折るとか、パッティングライン上のグリーン面をパターヘッドで強く押し付けるといった行為がこれに当たるが、プレーの線だけではなく、ティーイングエリア以外の場所でボールの後ろの芝を強く押しつけたり、スタンスをとる場所のライを平らに直すといった行為も同様。このような行為のもとでプレーすると2打罰となる。

ボール周辺の木の枝を折ると、プレーの線の改善で2打罰。

ボールの後ろのラフを踏みつけると、ライの改善で2打罰。

外的影響

「外的影響」とは、プレーヤーのボールに影響をおよぼす可能性がある人や物をいう。通常のストロークプレーでは、自分とキャディー以外の他のプレーヤーや、審判員、オブザーバー、マーカー、フォアキャディー、グリーンキーパーなどのコース管理者、ギャラリー、コース整備車、犬、カラスといったものが主な外的影響となる。

ギャラリーは、ルール上、外的影響となる。

完全な救済のニヤレストポイント

「完全な救済のニヤレストポイント」とは、障害物や一時的な水、修理地などから救済を受ける際、ボールをドロップするエリアを決める基点のこと。ニヤレストポイントは以下の3つの条件を満たす地点でなくてはならない。

❶ボールのある位置に最も近い地点であること。
❷ボールのある位置よりホールに近づかない地点であること。
❸ドロップが要求されるエリア内で、その障害を避けてストロークすることが可能な地点であること。

ホールに近づかずに障害を避け、かつ最もボールに近い地点がニヤレストポイントだ。

ルールのキーワード ▶▶ **カ行**

キャディー

ストロークプレーではキャディーは唯一の味方。

「キャディー」とは、クラブを持ち運んだり、プレーヤーを援助する人のこと。ストロークプレーの場合、唯一の味方だ。

プロの競技とは異なり、一般的なラウンドでは1人のプレーヤーに専属のキャディーがつくことはまれで、1組に1人ないし2人のキャディーがつくケースがほとんど。このように1人が複数のプレーヤーのキャディーを兼任する場合のキャディーを「共用のキャディー」と呼ぶ。この共用のキャディーの場合、ある特定のプレーヤーのために行動していたときは、そのプレーヤーのみのキャディーとなる。

救済エリア

「救済エリア」とは、ルールに従って救済を受ける場合に、ボールをドロップしなければならない範囲のこと。この範囲は適用するルールによって、1クラブレングスまたは2クラブレングスのいずれかとなる。

クラブレングス

「クラブレングス」とは、パター以外でそのプレーヤーが持っている最も長いクラブの長さのこと。ドロップエリアなどを計測するうえで基準となる単位だ。1クラブレングスといえば、クラブ1本分の長さであり、2クラブレングスといえば、同じクラブ2本分の長さをいう。

ルールのキーワード ▶▶ カ行

コース

「コース」とはプレーが許されている場所の全域をいう。一般的にコースというと、○○カントリークラブとか、××ゴルフコースといったゴルフ場全体を指すことが多いが、ルール上では5つのコースエリアで構成された区域を指す。

したがって、クラブハウスなどの建物やOBエリアなどのプレー禁止区域は、コースには含まれない。

コースとはプレー可能な全エリアをいう。

コースエリア

「コースエリア」とは、❶ジェネラルエリア、❷そのホールの第1打を打つことが求められるティーイングエリア、❸すべてのペナルティーエリア、❹すべてのバンカー、❺現にプレーしているホールのパッティンググリーンの5つをいう。

誤球

「誤球」とは、自分のインプレーのボールと暫定球、ストロークプレーで規則に基づいてプレーした第2のボール以外のボールをいう。一般的には他のプレーヤーのボールや、捨てられているボールのことだが、これらを打ってしまうと2打罰となる。なお、誤球をプレーしたストロークはスコアに算入されない。

誤所

「誤所」とは、間違った地点にドロップやリプレースを行うこと。誤所にドロップしてそのままプレーしてしまうと2打罰となる。また、再度正しい位置からプレーし直さないと競技失格となるケースもある。

ルールのキーワード ▶▶ サ行

サ行

最大スコア

「最大スコア」とは、各ホールの打数をあらかじめ決められた最大ストローク数に制限するストロークプレーの形式をいう。この制限数は、各ホールのパー（基準打数）の２倍としたり、ダブルボギー（パーより２打多いスコアまで）とするのが一般的。プロや公式競技では採用されないが、初心者が多く参加するプライベートコンペなどでは、プレーの遅延を防ぐ意味で積極的に取り入れたいプレー方法だ。

最大限の救済が受けられるポイント

「最大限の救済が受けられるポイント」とは、バンカーやパッティンググリーンで異常なコース状態から無罰で救済を受ける際、ニヤレストポイントがない場合にドロップエリアを決めるための基点をいう。一般的にはバンカーが満水であったり、グリーン上でその状態からの救済を完全に受けられる箇所が見つからない場合に決められる地点となり、以下の条件を満たすと推定された地点でなければならない。

❶ルールで決められたコースエリア内であること。
❷ホールに近づかずに、ボールがある地点にもっとも近い地点であること。
❸ストロークを行う際、その障害が最小限になる地点であること。

　また、このポイントを推定する場合は、ストロークを行うためのクラブを選択し、スタンスやスイング、プレーの線を特定する必要がある。

暫定球

「暫定球」とは、ショットしたボールが OB や紛失球になりそうだと判断した場合に、打ち直しに戻る時間を短縮する目的で打っておく仮の球をいう。
　この暫定球は、プレーヤーの判断で何度でもプレーが可能だが、ショットの前には暫定球をプレーする旨を明言しなければならず、また、初球が見つかった場合は暫定球は放棄しなければならない。

231

ルールのキーワード ▶▶ **サ**行

サブグリーン

「サブグリーン」とは、1つのホールにベント芝と、高麗芝の2つのグリーンを配したコースで、その日使用していないグリーンのこと。グリーンという名はついているが、ルール上ではジェネラルエリアの一部と見なされる。

その日使用禁止になっているグリーンがサブグリーン。

ジェネラルエリア

「ジェネラルエリア」とは、コース全体から以下のエリアを除いた部分をいう。

❶そのホールの第1打を打つことが求められるティーイングエリア。
❷すべてのペナルティーエリア。
❸すべてのバンカー。
❹現にプレーしているホールのパッティンググリーン。

なお、上記❶以外のティーイングエリアおよび❹以外のパッティンググリーン（目的外のグリーン）はジェネラルエリアに含まれる。

フェアウエーだけでなく、ラフや林もジェネラルエリア。

自然の力

「自然の力」とは、明らかに人や動物など外的影響でなく、風や水、重力などがボールに与える力をいう。これによって動かされたボールは、あるがままの状態でプレーしなければならない。

地面にくい込む

「地面にくい込む」とは、直前のストロークの結果として、地面に落下したボールがピッチマーク（落下の衝撃でできた穴）の中にあり、ボールの一部が地表面より下にある状態をいう。地表面より下にあれば必ずしも土に触れている必要はない。

救済措置は直前のショットで起きた場合に限られる。

重大な違反

「重大な違反」とは、ストロークプレーにのみ適応されるルールで、ルールを無視したり、他のプレーヤーに対する迷惑行為、また、誤所からプレーすることによって、本来の場所からプレーするより著しい利益をプレーヤーが受ける場合を指す。これが確定すると競技失格となる。

ルールのキーワード ▶▶ **サ行**

障害物

　「障害物」とは、コース上にある人工物のこと。この障害物には「動かせる障害物」と「動かせない障害物」とがあり、これらがスイングの妨げとなるような場合、前者はそのもの自体を、後者はボールを、それぞれ無罰で移動させてプレーすることができる。

　動かせる障害物には、鉛筆や空き缶、タバコの吸い殻、バンカーならし、OB杭以外の標示杭などがあり、動かせない障害物としては、ベンチや排水溝のふた、スプリンクラー、橋、カート道路（人工の表面をもったもの）、樹木の支柱などがある。

障害物には動かせる障害物（❶、❷、❸）と、動かせない障害物（❹、❺、❻）とがある。

ルールのキーワード ▶▶ サ行

修理地

青杭または白線で標示された部分が修理地。

「修理地」とは、文字通りコース上の修理が必要な区域のこと（アンダーリペアとも呼ばれる）。通常、青杭または白線で囲んで標示されるが、工事などの目的で一時的に積み上げられている材木や石、切り芝、また、他に移すつもりで置かれている樹木などは、標示がなくても修理地に含まれる。

審判員

「審判員」とは、プレー中に起きたさまざまなトラブルをルールに従って解決する役割の人をいう。プロのトーナメントでは必ずいるが、アマチュア競技では、よほど大きな大会でないと審判員がつくことはまれだ。

ゴルフコースは広く、1人ひとりのプレーすべてに審判員がジャッジを下すのは不可能なこと。やはりプレーヤー1人ひとりが自らのプレーを正しくジャッジする審判員でなければならない。その意味でも、ルールはしっかりと頭に入れておくことが大切だ。

スコアカード

「スコアカード」とは、通常、各ホールの打数を記録し、ラウンド終了後にスコアを提出するための用紙をいうが、規定があれば紙でなくてもタブレット等の電子的認証でもスコアカードとして認められる。

スタンス

「スタンス」とは、ストロークの準備や、ストロークを行うときの足と体の位置のことをいう。スクエアスタンスやオープンスタンス、クローズスタンスなど、足の向きや広さは人さまざまだが、どんな形でもボールを打つ意思をもって足の位置を決めれば、スタンスをとったとみなされる。

ボールを打つために足と体の位置を決めるのがスタンス。

ストローク

「ストローク」とは、ボールを打つ意思をもってクラブを前方に動かすことをいう。ここでいう前方とはホールの方向を指すため、バックスイングからトップまではストロークにはあたらない。

また、クラブが前方へ動いたとしても、ボールの手前でスイングを止めたり、意図的に空振りすることでボールに当たらないように避けた場合は、ストロークとはならない。ただし、打つ意思をもってスイングし、結果として空振りしてしまった場合は、もちろん1ストロークとみなされる。

ダウンスイングのスタート以後がストローク。

ルールのキーワード ▶▶ **サ・タ行**

ストロークと距離(の罰)

「ストロークと距離(の罰)」とは、OBや紛失球などの結果で、1打のペナルティーを科したうえで、前位置から打ち直さなければならないケースを指す。プレーヤーは1打の罰(ストローク数)を受けたうえに、前位置からの打ち直しを求められる(前のストロークで得た距離を失う)ことに起因する用語。

ストロークプレー

「ストロークプレー」とは、規定ホールの総打数(グロススコア)によって勝敗を決める競技方法のこと。プロアマを問わず、現在最も一般的に行われている競技方法である。

通常、アマチュアのコンペでは18ホールの総打数からその人のハンディキャップを引いた数字(ネットスコア)で競われることが多いが、プロのトーナメントでは、4日間(または3日間)、72ホール(54ホール)の総打数で順位を決定する。

タ行

ティー

「ティー」とは、ボールを地面から離して置くための球座のこと。木製やプラスチック製など材質や形は様々だが、ティーの長さは4インチ(101.6mm)以下に制限され、球の動きに影響を与えるような形状であってはならないと決められている。

ボールをティーアップするための用具。
ティーペッグともいう。

237

ルールのキーワード ▶▶ タ行

ティーアップ

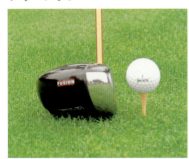

「ティーアップ」とは、ボールを地面から浮かせて置くために、ティーや盛り上げた砂などの上にボールを乗せる行為のこと。ティーイングエリアからプレーする場合に限り許される行為。

ドライバーのティーアップ。

ティーイングエリア

「ティーイングエリア」とは、各ホールの第1打を打つ場所のこと。通常、ジェネラルエリアより一段高く盛り土されており、ティー区域を標示するためのティーマーカーが設置されている。ただし、この盛り土の部分すべてがティーイングエリアというわけではなく、設置された2つのティーマーカーの外側を結ぶラインと、その後方2クラブレングス（➡P22）の奥行きで囲まれた長方形のエリアに限定される。

ティーマーカーの後方2クラブレングスがティーイングエリア。

ルールのキーワード ▶▶ タ行

ティーマーカー

「ティーマーカー」とは、ティーイングエリアの範囲を決めるために置かれた標示物のこと。多くのコースでは、プレーヤーのレベルに合わせて距離の異なるティーイングエリアが設置されており、ティーマーカーの色によって使用するティーイングエリアが区別されている。

ティーイングエリア上のティーマーカー。形やデザインはコースによってさまざまなものがある。

テスト

「テスト」とは、バンカーやパッティンググリーン上にボールがある場合に、バンカー内の砂の質や堅さ、グリーン面の芝の長さや目といった状態を、手やクラブによって調べる行為をいう。どちらも偶然に行われた場合は罰はないが、意図的な場合は2打のペナルティーが科せられる。

グリーン面を手でこするとテストとみなされる。

動物

「動物」とは、哺乳類だけでなく鳥類や爬虫類など、人間以外のすべての生き物を指す。昆虫やミミズ、クモ、甲殻類などもこれに含まれる。

動物の穴

「動物の穴」とは、もぐらやうさぎ、野ねずみなどが掘った穴をいう。これらの動物によって掘られた穴や、盛り上げられた土がプレーの妨げとなるケースは、異常なコース状態と認定され、罰なしにボールをドロップすることが許されている（➡ P63）。なお、ミミズや昆虫がつくった穴はこれに含まれない。

ドロップ

「ドロップ」とは、そのボールをインプレーにしようとする意図を持って、空中に落下するようにヒザの高さからボールを離す行為をいうが、ドロップは次の条件を満たしたものでなければならない。

正しいドロップ姿勢。

❶ドロップされたボールは、各規則が要求する区域（救済エリア）内に、止まらなければならない。
❷ドロップの際はボールを投げたり、回転をかけたり、転がしたり、また、ボールが止まるであろう場所に影響をおよぼす可能性がある行為をせずに、ボールをヒザの高さから真っすぐに落下させなければならない。
❸ボールが地面に落下する前に、プレーヤーの体や用具に当たってはならない。

ハ行

旗竿

「旗竿」とは、ホールの位置を示すために、ホールの中心に立てられた棒状の標識のこと。遠距離からでも確認しやすいように着色され、先端に三角もしくは四角の旗が取り付けられていることが多い。「ピン」とも呼ばれるが、ルール上では旗竿が正式名称。

なお、旗竿の断面は円形でなければならず、長さは少なくともグリーン面から7フィート（2.13m）以上の高さのものを用いるよう推奨されている。

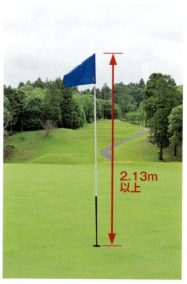

旗竿の色は青や赤など目立つ色で着色されていることが多い。

パッティンググリーン

　一般的には「グリーン」と呼ばれているが、旗竿（→ P241）が立てられたホール（→ P247）があり、パッティングのために特に整備された場所を指す。
　1つのホールにベント芝と高麗芝の2つのグリーンを配し、季節や曜日ごとに使い分けているコースがあるが、これは日本独特のもの。このようなコースの場合、その日使われないグリーン（サブグリーン）は、ルール上ではジェネラルエリアの一部として扱われる。

芝が短く刈り込まれ、ホールが開けられている場所がパッティンググリーン。

ルールのキーワード ▶▶ ハ行

バンカー

「バンカー」とは砂が入れられた窪地のこと。ミスショットを罰し、コースの戦略性を高める目的で配置されたコースエリアで、ここにボールが入った場合は、特別なルールが適用される。

グリーン周りに配置されたものを「ガードバンカー」、フェアウエーにせり出すように配置されたものを「クロスバンカー」、またホールに沿ってフェアウエー脇に配置されたものを「サイドバンカー」と呼ぶ。なお、フェアウエーやラフにある砂のない窪地を「グラスバンカー」と呼ぶことがあるが、ルール上これはバンカーではなく、ジェネラルエリアとなる。

バンカーとは砂が入った窪地。ガードバンカー（上）や、サイドバンカー（左）など、配置される場所によって呼び方は異なるが、適用されるルールはどれも同じ。

243

ルールのキーワード ▶▶ ハ行

フォアキャディー

「フォアキャディー」とは、ティーイングエリアからグリーンが見渡せないようなホールで、前方の安全を確認したり、OBか否かをプレーヤーに知らせるために配置された特別なキャディーのこと。ブラインドホール（ティーイングエリアからグリーンが見えないホール）が多いコースなどには配置されるが、すべてのコースに配置されているわけではない。

なお、キャディーという名称はついているが、ルール上はキャディーとしては扱わない。

トーナメントでのフォアキャディー。

フォアサム

「フォアサム」とは、競技の形態はフォアボールと同じだが、各々の組は1つのボールをパートナーが交互にプレーしていく競技方法。フォアボール同様ストロークプレーとしても、マッチプレーとしても競技可能。

フォアボール

「フォアボール」とは、2人のプレーヤーが1組のパートナーとなって、もう1組のパートナーとストロークを争う競技法をいう。競技者は全員自分のボールをプレーするが、その組のスコアは2人のパートナーのうち少ないほうのスコアとなる。ストロークプレー（➡ P237）としても、マッチプレー（➡ P249）としてもプレーすることができる。

プレース

「プレース」とは、元の位置が不明である場合に、推定の位置にボールを置くこと。

再ドロップしたボールがエリア内に止まらないときに、再ドロップ時にボールが最初に地面に落ちた箇所にボールを置くのがプレース。

プレーの線

「プレーの線」とは、プレーヤーがショットやパットによってボールにとらせたい仮想ラインのこと。いわゆる"飛球線"または"パッティングライン"と呼ばれる線のことだが、これは単にボールとホールとを直線的に結んだラインというだけでなく、ボールが進行中に描くと思われる放物線の両サイドに、若干の幅をもたせたラインをいう。

目標に対してボールにとらせたいラインがプレーの線。

ルールのキーワード ▶▶ ハ行

プレーの遅延

「プレーの遅延」とは、通常のプレー時間を遅らせるような行為をいう。スタート時間に遅刻するなどはその最たるものだが、次打地点までの歩行が異常に遅かったり、ボールの捜索に3分以上を費やすといった行為なども、プレーの遅延とみなされる。ルールでは原則として、ボールに構えてから40秒以内にプレーすることが推奨されている。競技の場合、一度目の遅延行為に対しては1打罰、二度目は2打罰、三度目行うと、競技失格となる。

紛失球

「紛失球」とは、読んで字のごとく見つからなくなってしまったボールのこと。ボールを探し始めてから3分間以上経過した場合や、仮にボール自体は発見できても、自分のボールであることが明確でなければ紛失球となる。ロストボールともいう。

ペナルティーエリア

水がなくても標示があればペナルティーエリアとなる。

「ペナルティーエリア」とは、コース内にある池や川、湖、海などの水域やブッシュなどコースがペナルティーエリアに指定した区域をいう。通常このエリアは黄杭（イエローペナルティーエリア）または赤杭（レッドペナルティーエリア）で標示されているが、標示がなくても、ふたのない排水路や溝などの水域（実際に水があるなしに関わらない）もこれに含まれる。

ルールのキーワード ▶▶ ハ行

ホール

「ホール」とは、ボールを入れるためにグリーン上に空けられた穴のこと。カップとも呼ばれるが、本来カップはホールの容積を一定に保つために埋められた円筒形の金属管を指す。

ホールのサイズは直径は4.25インチ（108mm）、深さ4.0インチ（101.6mm）以上と定められており、カップをはめ込む場合は、グリーン面より1.0インチ（25.4mm）以上上下に埋め込まなければならないとされている。

なお、ホールという言葉には、この他に「○番ホール」というようにホールナンバーを表す場合や、マッチプレーでは「○ホールアップ」というように、勝ち負けを表すケースもあるので注意したい。

グリーン上に空けられたホール。

ホールに入る

「ホールに入る」とは、いわゆるホールインが認められる状態のこと。通常のパッティングでは、ボールがホールの底に沈んだ場合をいうが、旗竿をさしたままでストロークされたボールがホールと旗竿の間にはさまって止まった場合は、ボールの一部がホールの縁より下に沈んでいればホールインとなる。

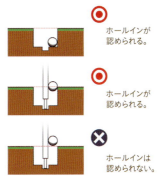

ホールインが認められる。

ホールインが認められる。

ホールインは認められない。

247

ボールマーカー

「ボールマーカー」とは、ボールを拾い上げる際、あらかじめその箇所に置いておくコインやティーペッグ、ボールマーカーとしてつくられた人工的な目印をいう。

ボールの位置をマークするためのボールマーカー。

マ行

マーカー

「マーカー」とは、ストロークプレーで競技者のスコアを記録する人のこと。通常のコンペなどでは同伴競技者同士がお互いのマーカーとなり、自分のスコアと合わせて相手のスコアを記録することになっている。
　たとえば、A、B、C、Dの4人でラウンドしたとすると、AはB、BはC、CはD、そしてDはAのそれぞれマーカーとなる。

マーク

「マーク」とは、リプレースを要求されるルールに基づいてボールを拾い上げる場合に、ボールがあった位置を示す目印として、ボールのすぐそばにコインやボールマーカーなどを置くか、クラブを地面に留めておくことをいう。

ルールのキーワード ▶▶ マ・ヤ行

マッチプレー

「マッチプレー」とは、1対1で戦い、ホールごとにそのホールの勝者を決めて、18ホールが終了した時点で勝ちホールの数が多いプレーヤーを勝者とする競技方法をいう。

競技は通常18ホールを対象として行われるが、相手より1つでも勝ちホールの数が多いほうが勝者となるため、ストロークプレーのように必ずしも18ホールすべてをプレーするとは限らない。

たとえば、プレーヤーAとBとが対戦し、15番ホールを終了した時点でAの勝ちホール数がBより4つ多かった場合は、残り3ホールをすべてBが勝ったとしても、Aの勝ち数を上回ることはできない。したがって、この時点で（15番ホール終了時）ゲームは終了となる。

ヤ行

用具

「用具」とは、プレーヤーやそのキャディーが使用していたり、身につけている、または運んでいる物をいう。通常はクラブやキャディーバッグ、タオル、傘といったプレー時に携帯する用品を指すが、バンカーをならすレーキ（トンボともいう）などコースを保護するために使われる物は、そのプレーヤーまたはキャディーが手にしている間に限り用具となる。

これらはすべて用具に含まれる。

249

ラ行

リプレース

「リプレース」とは、ルールに従って拾い上げたボールをインプレーにする意思をもって、正しく置き直すことをいう。

マークした位置にボールを置き直すのがリプレース。

ルースインペディメント

「ルースインペディメント」とは、分離している自然物のこと。代表的なものとしては、コース上に落ちている枯れ葉や枯れ枝、小石、動物の糞、虫類など。また、グリーン上にある場合に限り、砂やバラバラの土もルースインペディメントとなる。

なお、雪や天然の氷はプレーヤーの任意でルースインペディメントか、一時的な水（➡ P225）のどちらかとして扱うことができるようになっている。

コース上のルースインペディメント。

Appendix

付録
ローカルルールと略式ハンディキャップ

Local rule & Handicap

そのコース独自のルールが
ローカルルールだ

世界共通のジェネラルルールに対して、特定の地域やコースにのみ通用するルールがローカルルールだ。このローカルルールは、コースの地域的な特性や設計上の問題などから制定されるもので、以下はその一例。これ以外にもコース独自のローカルルールが多々あるので、プレーの前にはスコアカードの裏面をよく見て、しっかりチェックしておく必要がある。

▶ ティーショットがOBとなった場合の特設ティーからのプレー

ジェネラルルールでは、ティーショットがOBとなった場合は、1打のペナルティーを加えて再度ティーショットを打ち直すのが決まりだが、プレーの遅延を防止する目的から、前方のフェアウエーに特設ティーを設け、そこから第4打目としてプレーするというルール。俗に「前進4打」あるいは「プレーイング4」と呼ばれるものだが、谷越えなどプレッシャーがかかりやすいホールに多く設けられており、打ち直したボール（第3打目）がフェアウエーに落ちたと仮定して、特設ティーから第4打目としてプレーさせている。

▶ 池に入った場合の特設ティーからのプレー

前項と同じ処置だが、池にボールが入った場合、通常のペナルティーエリアの処置（→ P141）の代わりに池の横や、池を越えた地点に特設ティーを設け、そこから次打をプレーするというルール。これもプレーの遅延を防止するためのルールで、OBと同じようにスコアに2打プラスとするコースと、1打プラスするコースとがある。

池を越えた地点に設置された特設ティー。

▶フェアウエーのボールの6インチプレース

　フェアウエーにあるボールに限り、6インチ（約15cm）の範囲内でボールをプレースすることを認めるルール。コースの保護を目的として採用されるルールだが、ボールがあった位置よりホールに近づかないことが条件となっているケースが多い。

▶障害物の規定の追加処置

　ジェネラルルールでは、障害物はすべて人工の物件に限定されている。したがって、舗装のない通路（人工の表面を持たないもの）などは障害物には含まれず、ここにボールが止まった場合は無罰での救済はなく、そのまま打つかアンプレヤブル（→P224）の処置をとるしか方法がない。これもプレーの遅延防止や、安全性の確保といった観点から、プレーの妨げとなるような場所（あるいは物）を特に指定して、そこからの救済を可能にするために設けられたルール。

▶隣接するホールに　打ち込んだ場合の特別処置

　プレー中のホールと隣接するホールにボールを打ち込んだ場合、危険防止とプレーの遅延を防ぐ目的から、1打のペナルティーを加えて入ったボールをピックアップし、プレーするホールにドロップしてプレーさせるルール。俗に「1ペナゾーン」などといわれ、黄杭で標示されているコースが多い。なお、ドロップエリアは、ボールが止まっていた地点よりホールに近づかず、杭の内側（自分のホール側）から2クラブレングス以内というのが一般的。

▶グリーン周辺での練習の禁止

　ジェネラルルールでは、プレーを終えたばかりのグリーン上や、その周辺でのパッティングやチッピング練習は認められているが、多くのコースはプレーの遅延を防止する目的で、この練習を禁止している。

このような表示があるエリアでは練習はできない。

▶ 池に入る可能性が高いホールでの暫定球の許諾

　ボールの落下地点が確認できない位置にペナルティーエリアが存在するホールで、その方向に飛んだボールに対して暫定球（➡ P231）を打つことを認めるルール。本来、暫定球はペナルティーエリア以外で OB もしくは紛失球（➡ 246）になりそうだと判断した場合しかプレーすることはできず、「池に入ったかもしれない」では暫定球はプレーできない（➡ P151）。しかし、これではとりあえず 1 度ボールを探しに行かなければなず、プレーを遅延させるおそれがある。この打ち直しに戻る時間を短縮する目的で作られたルールだ。

▶ コース上の高圧線にボールが当たった場合の打ち直し処置

　ホールを横切るような位置にある、送電用の高圧線にボールが当たった場合は、

コンペで役立つ 略式ハンディキャップ

ゴルフの最大の特徴はハンディキャップ競技であること。このハンディキャップによって老若男女を問わず、誰でもが一緒にプレーすることができる。ハンディキャップには「オフィシャルハンディ」と呼ばれる公式なハンディキャップと、「プライベートハンディ」と呼ばれる略式のハンディキャップの 2 つがある。

新ペリア方式が最もポピュラー

　プロのトーナメントやアマチュアの公式戦などを除き、ゴルフ競技ではその人の技術に応じたハンディキャップをつけて勝敗を競うケースがほとんどだ。世界中どこでも通用するオフィシャルハンデを取得するにはある程度のラウン

新ペリア方式の早見表

12ホールのスコア	48	49	50	51	52	53	54	55
ハンディキャップ	0	1.2	2.4	3.6	4.8	6	7.2	8.4
12ホールのスコア	66	67	68	69	70	71	72	73
ハンディキャップ	21.6	22.8	24	25.2	26.4	27.6	28.8	30

罰なしに打ち直すことができるというルール。ジェネラルルール上では、そのままプレー続行となるのだが、プレーの公正という観点からこのルールを採用するコースは多い。ちなみに、プロのトーナメントなどで、プレー線上に放送用のコードや鉄塔などが存在する場合、これを避ける位置にボールをドロップできるといったルールも、ローカルルールの1つだ。

▶ グリーン上でのパター以外のクラブの使用禁止

前項と同じようにほとんどのコースで採用されているローカルルール。ジェネラルルールでは、グリーン上で使用するクラブに制限はないが（➡ P188）、グリーン保護の目的で、使用クラブをパターのみに限定するルール。

ド経験が必要となるため、初心者がコンペなどに出場する場合は、略式のハンディキャップでプレーすることになる。この略式ハンデにはいくつかの算出法があるが、現在最も多く採用されているのは「新ペリア方式」である。

新ペリア方式とは、18ホールの中からあらかじめプレーヤーに公表せずにパーの合計が48となる12ホール（アウトとインから6ホールずつ）を選び出し、プレー終了後、その12ホールのスコアの合計を1.5倍してそのコースのパー（通常72）を引き、さらにその数に0.8を掛けて出た数字をハンディキャップとする方法である。

たとえば、12ホールの合計が63であった場合、（63×1.5−72）×0.8=18となるため、その人のハンディキャップは18ということになる。

18ホールのパーの合計が72のコースなら、下の表を用いることで計算が省略できる。

56	57	58	59	60	61	62	63	64	65
9.6	10.8	12	13.2	14.4	15.6	16.8	18	19.2	20.4

74	75	76	77	78	79	80	81	82	83
31.2	32.4	33.6	34.8	36	37.2	38.4	39.6	40.8	42

著者 水谷 翔（みずたに しょう）

ゴルフライター。雑誌編集、ゴルフ誌記者を経てフリーランスに。現在、ゴルフを中心に劇画原作やスポーツ関連の書籍の執筆や編集に従事する。主な著書に『ゼロからわかる! DVDゴルフ基本レッスン』（西東社）、『プロゴルファー伊沢利光物語』（劇画原作・双葉社アクションコミックス）などがある。

本文イラスト	庄司 猛
写真	高木昭彦、Getty Images
デザイン	菅沼祥平（スタジオダンク）
DTP	四国写研
編集協力	オフィスレン

※本書は、当社ロングセラー『最新 一番よくわかる ゴルフルールブック カラー版』（2008年10月発行）を再編集し、書名・価格等を変更したものです。

最新 一番よくわかる
ゴルフルール オールカラー

2019年1月30日発行　第1版
2023年2月20日発行　第5版　第1刷

著 者	水谷 翔
発行者	若松和紀
発行所	株式会社 西東社
	〒113-0034　東京都文京区湯島2-3-13
	https://www.seitosha.co.jp/
	電話　03-5800-3120（代）

※本書に記載のない内容のご質問や著者等の連絡先につきましては、お答えできかねます。

落丁・乱丁本は、小社「営業」宛にご送付ください。送料小社負担にてお取り替えいたします。本書の内容の一部あるいは全部を無断で複製（コピー・データファイル化すること）、転載（ウェブサイト・ブログ等の電子メディアも含む）することは、法律で認められた場合を除き、著作者及び出版社の権利を侵害することになります。代行業者等の第三者に依頼して本書を電子データ化することも認められておりません。

ISBN 978-4-7916-2809-4